MELİSA KESMEZ • **Küçük Yuvarlak Taşlar**

MELİSA KESMEZ Eylül 1980'de İstanbul'da doğdu. Mimar Sinan Güzel Sanatlar Üniversitesi'nde Sosyoloji okudu. Yazarlık, gazetecilik ve fotoğrafçılık alanında eğitim aldı. Yazılı basında kültür sanat yazıları, söyleşileri yer aldı. Tiyatro projelerine çevirmen ve dramaturg olarak dahil oldu. *Atları Bağlayın Geceyi Burada Geçireceğiz*, *Bazen Bahar* ve *Nohut Oda* adlı üç öykü kitabı ve *Anneanne Gezegeni* adlı bir çocuk kitabı yazdı. *Bazen Bahar* ile 2017 Notre Dame de Sion Edebiyat Ödülü'nde Mansiyon alırken; *Nohut Oda*, 65. Sait Faik Hikâye Armağanı'na layık görüldü. Nil'in annesidir.

İletişim Yayınları 3195 • Çağdaş Türkçe Edebiyat 566
ISBN-13: 978-975-05-3359-4

1. Baskı 2022, İstanbul

EDİTÖR Kıvanç Koçak

KAPAK Suat Aysu

KAPAK İLLÜSTRASYONU Seda Mit

UYGULAMA Hüsnü Abbas

DÜZELTİ Merve Öztürk

BASKI Ayhan Matbaası · SERTİFİKA NO. 44871
Mahmutbey Mahallesi, 2622. Sokak, No: 6/31 Bağcılar 34218 İstanbul
Tel: 212.445 32 38 • Faks: 212.445 05 63

CİLT Güven Mücellit · SERTİFİKA NO. 45003
Mahmutbey Mahallesi, Devekaldırımı Caddesi, Gelincik Sokak,
Güven İş Merkezi, No: 6, Bağcılar, İstanbul, Tel: 212.445 00 04

İletişim Yayınları · SERTİFİKA NO. 40387
Cumhuriyet Caddesi, No. 36, Daire 3, Seyhan Apartmanı,
Harbiye Mahallesi, Elmadağ, Şişli 34367 İstanbul
Tel: 212.516 22 60-61-62 • Faks: 212.516 12 58
e-mail: iletisim@iletisim.com.tr • web: www.iletisim.com.tr

MELİSA KESMEZ

Küçük Yuvarlak Taşlar

iletişim

İpi, koptuğu yerden bağlamağa çalışmalı.
Denemeli, hiç değilse.

BİLGE KARASU
Uzun Sürmüş Bir Günün Akşamı

İÇİNDEKİLER

I

Nergis'in Hikâyesi

Gece yıldızsızdı. Bulutların arkasına saklanan ay cılız ışığıyla önümüzde bir tepenin yükseldiğini haber veriyordu. Araba farlarını asfalta dikmiş, karanlığı delerek ilerliyorduk. Yol, önümüzde uzanan birkaç metrelik aydınlıktan ibaretti. Işığın henüz düşmediği yerler sanki yok... Her şey birden karşıda beliriyor, yanından geçip gidince arkamızda kayboluyordu. Bazen solda uzak bir odanın sarı ışığı, bazen bir tahta parçasının üzerine kırmızı boyayla çalakalem boyanmış "köy yumurtası" yazısı, bir tarlanın ortasında tek başına bir dişbudak, bazen de bir kara köpek...

Yanından doksanla geçen mavi Fiat'ı görünce havlamaya başladı. Bir süre arkamızdan koştu, mıntıkasının görünmez sınırına varınca önünde bir duvar yükselivermiş gibi aniden durdu. Aynada küçülüp küçülüp diğer şeyler gibi karanlığın içinde kayboldu.

Saatlerdir araba kullanıyordu Gülsüm. Gözlerini baykuş gibi yola dikmiş, "Sen uyu," demişti. Yorulmuştu ama yorulmanın durmak için bir gerekçe oluşturmadığı insanlardandı. "Yola sabah çıkalım," dedimse de ikna edememiştim. "Ben alışığım gece yolculuğuna," dedi, "hem gittiğim yere sabah varmayı seviyorum. Karanlıkta varınca vardığımı anlamıyorum." Karşı çıkmadım. Birine karşı çıkmaya mecalim yoktu.

Çabasız, munis, tabii bir güzelliği vardı Gülsüm'ün. Kemerli burnu, dalgalı perçeminin döküldüğü geniş alnı, küçük ağzıyla antik Yunan heykellerini hatırlatırdı bana. Elli li yaşlar büyüsünü bozmamış, bilakis taşlar yerine oturmuş, toyluk demini almış, mavi boncuk gözlerindeki körpeliğin yerine kendinden emin, bilge bir ifade gelmişti. Dünyada tanıdığım en mavi gözlü insandı. Odaya kendinden önce gözleri girerdi. Onunla göz göze gelmek sıradan bir bakışma olmazdı hiç.

Üzerinde çiçekli bir gömlek vardı yine. Bu defa turuncu kadife çiçekleriyle bezeli, neşeli bir gömlek. Semt pazarlarından, kıyıda köşede kalmış kumaşçılardan, rağbet görmeyen pasajlardan topladığı kumaşlarla terziye diktirdiği gömlekleri meşhurdu. Bazen çilli beyaz kollarını açıkta bırakan bir papatya tarlası. Bazen güneşli bir yamaçta açmış, manşete kadar uzanan sarı katırtırnakları. Bazen japone kesim poplin üzerinde pıtır pıtır pıtırdamış mine çiçekleri. Ya da bir ovayı çılgınca beneklemiş kırmızı gelincikler. Gittikçe rengini yitiren dünyaya inat, ne olursa olsun insana güzel şeyler düşündüren ışıklı bir bahar günü gibi geziyordu aramızda.

Olmuştu epey görüşmeyeli. Niye koptuğumuzu hatırlamaya çalıştım. Birkaç burnu büyük e-posta geldi gözümün önüne. Bir şey yüzünden küsmüştüm yine, huyumdur, yine alınganlık etmiştim, arayıp sormuyordum ne zamandır, üstelememiş, "Sen bilirsin," demişti, "nasılsa ararsın beni lazım gelince." İyi tanıyordu beni. Gücenmezdi bana. İçimde bir hınç aradım, ona karşı bilenmiş bir bıçak, ayların törpülemediği keskin bir kenar, küçük de olsa bir kızgınlık. Bulamadım. Zaman, dedim içimden, demek öfkeyi yenmiş. Yumuşacık örtülerini örtmüş tatsız hatıraların üzerine.

Eski arkadaşımdı Gülsüm. Yurtta tanışmıştık. Evrendeki tek sabit noktamdı. Her şey biteviye altımdan kayıp, üstümden uçup kaçmış, insanlar bir istasyona uğrayan trenler gibi ömrüme uğrayıp gitmiş, kimsecikler kalmamış ama Gülsüm kocaman bir kaya gibi orada durmuş, yıllara ve yollara meydan okumuş, beni hiç bırakmamıştı. Ben binlerce kez eşeklik etmiştim, o yine de "Yetti be" deyip gitmemişti. Darılmamış, yorulmamıştı. Bu sabah da çağrıma kulak vermiş, koşup gelmiş, beni yine ters dönmüş bir böcek gibi debelenirken bulmuştu.

"Bir daha bana küsersen gebertirim seni."

Kapıyı açar açmaz tutup kendine çekti, sımsıkı sarıldı.

"Of. Ne fena biriyim ben, Gülsüm."

"Nasılsın? İyi misin?"

"Değilim."

Üzerimde eski bir pijama, yüzümü büyük memelerine gömüp gözlerimi kapadım. Paçuli kokuyordu. Başkasında duysa irkilir insan ama bu eski koku onun nadide varlığını layıkıyla tamamlıyordu. Zihnimde bir eski bahçe aydınlandı kollarında. Ayaklarımın altında öğle güneşinde ısınmış taş basamaklar, hortumdan akan suyun çizdiği yılankavi yollar, yere sürten çalı süpürgesinin sesi, annem avluyu yıkıyor, ben elimde bir papatya, seviyor-sevmiyor oynuyorum.

"Neden açmıyorsun telefonlarımı?"

Cevabım yok.

"Kaçtım, Gülsüm, böcek gibi kabuğumun içine kaçtım," diyemiyorum. İçim paramparça, diyemiyorum.

Yaz başından beri evdeydim. Markete gidiyordum sadece. Tuzlu fıstık, bira. Çok içiyordum. Pek bir şey yemiyordum. Epey zayıflamıştım. Saçlarım uzamış, boyanın altına sakladığım beyazlarım omzuma kadar inmişti. Artık handiyse gri saçlı bir kadındım.

"Seni çok merak ettim."

İçeri girdi. Ev bomba düşmüş gibiydi. Sehpanın üzerinde bir bardak olsun koyacak yer yok. Yerlerde çeşit çeşit eşya. Bir çorap teki. Bir siyah Tekel torbası. Şişe kapakları. Koltuğun kenarında, kim bilir oraya ne zaman düşmüş, ölmüş biri gibi yatan kirli pike. Toz yumakları. Giyip çıkardığım giysiler sağda solda. Perdeler bir gıdım güneşe tahammülsüz, sımsıkı kapalı. İçerisi muhakkak kötü kokuyor. Balkonda biriktirdiğim boş Tuborg şişeleri artık içerilere taşmış, mutfak masasının altını, antreyi doldurmuşlar.

Bir şey demedi. Ne dese utanacağımdan emin, sustu, perişanlığımı merhametle karşıladı. Pencereleri açtı önce, serin bir ekim rüzgârı doldu içeri, oturma odasını dolaştı, eşyanın üzerine sinmiş kasaveti biraz olsun süpürdü. Hiç vakit kaybetmeden şişeleri topladı Gülsüm, torbalara doldurdu. Küllükleri boşalttı. Peşine beni duşa yolladı. Çıktığımda çorba yapmıştı.

"Çorba yapacak bir şeyler var mıymış mutfakta?"

"Çekmecenin dibine saklanmış bir hazır çorba paketi buldum. Hem de mercimek."

"Çok etkileyici."

"Otursana," dedi, oturdum.

"Anlat hadi," dedi sonra.

Neredeyse beş aydır kimseyle konuşmuyordum. Konuşmanın, kendini birine anlatmanın nasıl bir eylem olduğunu, nereden başlamam gerektiğini hatırlamam gerekiyordu. Çorbalarımızı sessizlik içinde içtik. Kalktı, tabakları yıkıyordu, arkasını dönünce cesaret buldum, bir zavallı cümlecik döküldü içimden.

"Gülsüm,"

"Söyle canım?"

"Elif'i çok özledim ben."

Ağzımı açtım, daha diyeceklerim vardı sanki, gerisi gelmedi.

Döndü. Gözleri dolmuş. Gelip yanımdaki sandalyeye oturdu, kolunu omzuma doladı. Öylece sustuk yan yana bir an.

Ne zaman sonra sorabildim.

"Nasıl Elif? Bebek nasıl?"

Bebeği getirdi gözünün önüne, yüzü ışıdı. Yenidoğanın etrafa saçtığı neşeden nasibini almış iyimser bir hal geldi birden üzerine, silkelendi, canlandı, gözleri parladı.

"Gayet iyiler. Bebek altı aylık oldu bile. Müthiş bir şey. Annesine benziyor."

"Neredeler şimdi? Gideceklerdi..."

"Ankara'dalar. Oğlan daha iyi bir iş bulmuş orada."

"Adını ne koydular bebeğin?"

"Nihal."

Mayısın ilk haftası bir fotoğrafa iliştirilmiş, tek satırlık bir mesaj düşmüştü telefonumun ekranına.

Bilmek istersin diye düşündüm. Ne de olsa Elif senin de kızın.

Kızımın halası Nadide yollamış. Pek sevmezdi beni, eksik olmasın, bilmeye hakkım olduğunu düşünmüştü.

Fotoğrafta Elif hastane yatağında uzanmış, kucağında bir bebek. Sol yanında kocası, Evren. Sağ yanında babası, Mehmet. Müşterek bir sevinç parlıyor yüzlerinde. Noksansız, tam olması gerektiği gibi, kimseyi ve hiçbir şeyi dışarıda bırakmayan bir saadet anı. Elif o kadar güzel ki. Altından yapılmış sanki, ışıl ışıl, güneş gibi parlıyor. Kucağındaki bebek Elif'in ışığından yoğrulmuş. Aydınlık, baharın ilk günü gibi bir bebek.

Bir duygu seli hücum etti kalbime doğru. Sevinç, arkasından ağır mı ağır bir keder, özlem, çaresizlik. Karnım buruldu. Kızı olmuş Elif'in. Benim kızım anne olmuş. Haberim yok.

"Hamile olduğunu bile bilmiyordum."

Elif'le epeydir haber almıyorduk birbirimizden. En son Moda Burnu'ndaki çay bahçesinde buluşmuş, neredeyse bir yıl geçmişti üzerinden, iki bardak çay süresince pek bir şey konuşmamış, serpiştiren yağmuru bahane edip kalkalım demiş, öpüşmeden ayrılmıştık. Evren'le yeni evlenmişlerdi, Evren'i getirir, tanıştırır demiştim ama buluşmaya yalnız gelmişti. Yurtdışında konsoloslukta olmuştu nikah merasimi. Şahit bile götürmemişlerdi yanlarında, konsolosluk memurları şahit niyetine imzalamıştı defteri. Teferruata gerek yoktu, "Kimseyi yormak istemiyoruz" demişlerdi. Ankara'ya taşınmayı planladıklarından bahsetmişti. O günden beri ne yapıyor, ne ediyor, bilmiyordum. Arada açıp fotoğraflarına baktığım Facebook sayfasını da kapatmıştı. Hamileymiş meğer. Son buluşmamızda hamileymiş.

"Hâlâ aramadın değil mi?"

"Yok. Arayamadım. Arayıp ne diyeceğimi bilemedim. Mesaj attım ama."

Haberini aldım, tebrik ederim kızım.

Hiç yazılmamış olsa daha iyi olacak, tesirsiz, hükümsüz, bomboş bir beyan. Anneden geldiğine kırk şahit ister, öylesine atılmış, cevapsız bırakılsa da olacak, cevapsız bırakılsa hiç şaşırtmayacak bir mesaj.

"Cevap yazdı mı?"

"'Teşekkür ederiz' diye yazdı. Birkaç gün sonra. Lohusalık tabii. İnsan nasıl vakit bulsun da alsın telefonu eline."

Kendime uydurduğum bahaneye Gülsüm de inanmadı.

Elif'in mesajından sonrası yok. Sessizlik. Boyumu aşan, üzerime basan, nefesimi boğan bir sessizlik. Koca yaz mevsimini yutan, evin odalarını tıkış tıkış dolduran, dev cüsseli, koca ayaklı, dünyalar çirkini bir sessizlik.

Yeniden içmeye başladım. Yıllar var sürmemiştim ağzıma. Temkinliydim. Abartmaya meylim vardı. Bir başladım mı da durduramadım kendimi. Her gün daha çok içtim. Bazı günler sokağa burnumu dahi uzatmıyor, gerekeni dışarıdan sipariş ediyordum. İçtikçe üzerime katlandı sanki ev.

Duvarların arasında hükümsüz bir mahlûka dönüştüm. Bir anneanneden başka her şeye benzedim. Aylar böyle perişan halde geçti.

Bir gece ağzım burnum birbirine yapışmış, ölüyorum sandım susuzluktan, can havliyle kalktım, evde bir yudum su yok, bir umut antredeki boş damacanayı diktim kafama. O an kendimi gördüm portmantonun aynasında. Aynada damacanadan su içen kendimi. Hayatımın sonuna kadar unutmayacağım bir resim. Bu ben miyim? Utandım, çok utandım. Oracığa çöktüm, aylar sonra ilk kez ağladım, içim dışıma aktı ağlamaktan.

Dünyaya tek başıma dönemeyeceğim bir yere yuvarlanmıştım, bir hayatı normal bir şekilde idame etme, duygularımı denetleme kabiliyetimi yitirmiştim. Bir boşluk beni yutmuş, sonra geri kusmuştu. Sokak kapısının arkasında, yanağım taşın soğuğunda, Gülsüm'ü aradım o saat. Hemen açtı. Birkaç saate kapıdaydı.

"Gülsüm, beni yaza götürür müsün?"

"Nereye?"

"Sıcak bir yere. Yazın hâlâ bitmediği bir yere."

Haziran, temmuz, ağustos ve iki gözümün çiçeği cânım eylül akıp gitmişti ellerimden. Dallarına konan kargalar arabaların üzerine pisliyor diye apartman yönetimince hunharca budanmış bir ceviz ağacının yapraksız, dalsız gariban gövdesine bakan, yata yata ortası çökmüş leş bir koltuğun üzerinde geçirmiştim koca yazı. Yaz sonunun serin, dostane günleri geride kalmış; üşüten, ısırgan rüzgârlar başlamıştı. Pis pis yağmurlar iniyordu gün aşırı, çamura buluyordu her yanı. Kış kapıdaydı. Günler sadece kısalmıyor, insanın sırtına artık dar gelen bir hırka gibi küçülüyordu da sanki. Yüzümü azıcık güneşe dönmeden, kendimi denizin geniş kollarına bir kez olsun bırakmadan, suratsız Kasım'a, mendebur Aralık'a dayanacak gücüm yoktu.

Gişelerden beri sessizdik. Uyumaya çalışmış ama muvaffak olamamıştım. Uykuya dalmak için fazla ayıktım.

"Az kaldı. Güneş doğmadan oradayız. Atlarsın suya hemen. Arkasından güzel bir kahvaltı yaparız. En son ne zaman kahvaltı ettin kim bilir? Kupkuru kalmışsın eşek seni. Sonra da uyursun uzun uzun, iyi gelir," dedi Gülsüm sessizliği bozarak.

Aynadan arkadaki karanlığa baktı sonra. Dönüp ben de baktım. Bir şey göremedim. Camı açtım. İçeriye, ovanın kokusu doldu. Kafamı dışarı uzattım, temiz havayı içime çektim. Arazi sanki bir yerde bitmiyormuş gibi upuzun uzanıyordu iki yanımızda. Boşluk ne güzel bir şeydi. Boşlukta gözlerinin bir engele takılmadan amaçsız, serbestçe gezinmesi.

Şehirden, şehre çöken gri sonbahardan çok uzaktık artık. Gülsüm beni yangından kaçırmıştı. Beni atının terkisine atmış, yaza götürüyordu şimdi. Öyle bir kurtulmuşluk duygusuyla doluydu kalbim. Güneşin doğuşuyla yamaçlarda belirecek yeşilleri dört gözle bekliyordum. Denizin kucağına atacaktım kendimi. Uzun uzun yıkanacaktım tuzunda. Tuzlu suyun iyi gelmediği şey yoktu.

Uzandı, radyoyu açtı. Biraz uğraştıktan sonra nihayet cızırtısız bir istasyonda durdu. Bir programın sonuna denk gelmiştik. Spiker kapanış konuşmasını yapıyor, aniden gelen soğuklardan şikâyet ediyordu. Serzenişini bitirip sözü programın son şarkısına bıraktı.

Önce Gülsüm tanıdı şarkıyı. Hesapsız bir gülüş aydınlandı yüzünde.

Ben ne olduğunu anlamayınca radyonun sesini açtı. Yüzüme baktı, göz kırptı.

"Hadi canım! Nereden çıktı bu şimdi!"

"Çağırdık, yavrucuğum, çağırdık. Sen misin beni aylarca aramayan! Al sana şarkı! Dan dan dan!" Eliyle başına silah dayamış da tetiği çekmiş gibi yaptı.

Zaten duygular denizinde bata çıka yol alıyorum, her akıntıya kapılıp gitmeye teşneyim, şarkı beni kolumdan yakaladı, zamanın trenine bindirdi. Bin yıl önceki bir yaza, doksanların başında bir haziran akşamına, Mehmet'le, kızımın babasıyla tanıştığım, her şeyin sonsuza dek değiştiği o güne götürdü.

Uğur'la Gülsüm yemeğe gelmişlerdi bana o gün. İçimde bir o yana, bir bu yana deli deli atlar koşturuyor, yirmilerin sonuna varmışım, diner sandığım fırtına dinmemiş. Bir şey arıyorum hayatın karmaşasının içinde, sokak sokak dolaşıyorum, ne aradığımı bilmiyorum, nitekim bulamıyorum da. Yeni pozisyonda ilk maaşımı almışım, terfi alınca söz vermiştim "Size sofra kuracağım" diye, üşenmeyip gidip Kurtuluş'tan bulmuşum, masada topik bile var. Gece ilerliyor. Sarhoş oluyoruz. Canımız dans etmek istiyor. Uğur bizi daha evvel hiç gitmediğimiz bir yere götürüyor. Atlayıp taksiye Aynalıçeşme'de bir kapının önünde iniyoruz. Kapıdan giriyor, binayı döne döne tırmanan daracık merdivenleri çıkıp kendimizi kutu kadar bir mekânda buluyoruz. Bir evin bir odası gibi bir yer. İçerisi hınca hınç dolu. Gülsüm ve Uğur dakikasında kalabalığa karışıp dans etmeye başlıyorlar. Uzaktan gel gel yapıyorlar, kalabalık bana iyi gelmiyor, ilk bulduğum masaya dirseğimi yaslayıp bir 50'lik söylüyorum. Onları seyrediyorum.

İki şaşkın çalıştıkları şubede aylarca bakışıp, nihayet bir akşam katıldıkları iş yemeğinde herkesler kalkıp da sohbetin kravatlı merhalesi bitiverince, bir yolluk birayı paylaşıp sevgililiklerini ilan edeli birkaç hafta olmuş. Çok feci tutulmuşlar birbirlerine. Etraflarını saran sis perdesini aralayıp onlardan yana geçmek, iki çift laf anlatmak neredeyse imkânsız. Ne desem safi gülüyorlar. Elleri hep sımsıkı birbirinin içinde, parmakları düğüm, dudakları her fırsatta buluşuyor.

Biram bitince sıkılıp kapının önüne çıkıyorum. Sokak azgın bir nehir gibi akıyor. Uğultunun içinde kahkahalar, öfkeli bağırışlar, polis megafonunun ne dediği anlaşılmayan ikazları, müşteri için yarışan taksi kornaları, sarhoş naralar. Eve mi gitsem diyorum, girip haber vermek iyi olacak.

Kalabalığın içinde onları bulduğumda yanlarında biri daha var. Uzun boylu, boyunu normal insanların boyuna ayarlamaktan hafifçe kambur, çocuk gözleri gülünce yok olan, kemik gözlüklerinin arkasına saklanmış bir adam. Heyecanlı heyecanlı bir şey anlatıyor ikisine. Yanlarına gidince çalan şarkıdan bahsettiğini anlıyorum. Biraz sonra müzisyen olduğunu öğreniyorum. Bu şarkının yaylılarını çaldığını. Mehmet adı.

Beni görünce hemen yanında yer açıyor, sorgulamadan ilişiyorum. Mehmet'in varlığıyla mekân başka görünüyor gözüme. Aydınlık yüzlü bir adam. Güleç. Çocuksu bir çekingenlik var üzerinde. Kalmaya karar veriyorum.

İnce, kemikli elleriyle elimi sımsıkı sıkıyor adını söylerken ve görür görmez âşık oluyor bana. Pat diye söylüyor. O gece sabaha karşı Fransız Kültür Merkezi'nin basamaklarına yan yana çökmüş son sigaramızı döndürürken, "Ben sana âşık oldum," diyor. Gülüyorum önce. Çünkü epey içildi, olay yeri ve dahi saati bu tür duygusal patlamalara ziyadesiyle müsait; neticede birine âşık olması kolay bir yaz gecesi diye geçiriyorum içimden. Sonra dönüp yüzüne bakınca anlıyorum, yok, şaka yapmıyor, gözlerini gözlerime dikmiş, benden bir işaret, bir "Hadi!" bekliyor nefesini tutmuş. Korkuyorum o zaman. Sessiz kalıyorum. Ağzımı açarsam narin bir eşyayı devirip kırarmışım gibi geliyor. Sessizliğimi affettirmek, anı geçiştirmek için gözlerimi gözlerinden kurtarıp başımı omzuna yaslıyorum hemen. Mehmet'ten kaçmak için Mehmet'e saklanıyorum.

Öyle zarif, öyle ısrarsız ki, onu üzmek istemiyorum hiç.

Pat diye kucağıma bırakılmış, bu taşıması ağır itiraf karşısında hazırlıksızım, çarnaçar teslim oluyorum.

Arkadaşlıkla sevgililik arasındaki o bayraksız topraklarda bir süre duruyoruz öyle. Arkasında bizi neyin beklediğini bilmediğimiz büyük bir kapının önünde bekleşiyoruz sanki. Kapı açılacak mı, henüz bilmiyoruz.

Önümüzden ayaklarını parke taşlarda sürüyen insanlar geçip duruyor. Sümüklü bir oğlan gelip gül satmak istiyor bize. Sarı, boynu bükük güller. Bütün gece masa masa gezip, kimseye yar olamamış, miadını doldurmuş, ölmeye yüz tutmuş, biz almazsak çöpe gidecekler.

"Ver," diyor, "hepsini ver, ama evine git sonra, dolanma buralarda daha, hadi!"

Gülleri alınca çocuğun eve gideceğini sanıyor. Bir evi olduğunu sanıyor. İyi biri Mehmet.

O hayalî büyük kapı açılıyor, sessizce atıyorum adımımı eşikten, sırtımı dönemiyorum o iyiliğe, o güllere kıyamıyorum; Mehmet kalkıyor, basamakları inerken elini geriye doğru bana uzatıyor. Tutuyorum. Gidiyorum peşinden. Elim elinin içinde, kalabalığı yararak meydana doğru ilerledikçe tıkır tıkır dönüyor hayatın çarkları. İkimizi o gecenin sonunda aynı taksiye bindiren sinsi düzeneğin sesini duyuyorum sanki.

Önce ben biniyorum. Arkamdan Mehmet. Kapı kapanıyor. Bir şey klik ediyor o an. Çatalın ağzında bir tren makas değiştiriyor. Bir taksinin arka koltuğunda yan yana susuyoruz yol boyu. "Nereye gidiyorsun?" diye soruyorum içimden kendime. "İnmen lazım," diyorum. İnmiyorum. O gecenin sonunda Mehmet'e gidiyorum.

Bir ıhlamur ağacına bakan oturma odasında, ıhlamur kokusuyla sarhoş, sabaha kadar konuşuyoruz. Bir ara beni öpmek için eğiliyor, Mehmet'in gecenin başından beri sabırla ertelediği bir öpüş bu, küçük bir kız çocuğu gibi gülüp kafamı çeviriyorum, gözlerimi pencereden dışarı kaçırıyorum, ısrar etmiyor. Konuşa konuşa koltukta uyuyakalıyoruz bir zaman sonra.

Ben o gece âşık olmuyorum ona. Sarı güller, ıhlamur kokusu boşa gidiyor. Başka gece de olmuyorum. O kış evleniyoruz. Bir yıl sonra Elif doğuyor. Elif'in ilkokula başladığı sene bir arkadaşımın doğum günü kutlamasında Salih'le tanışana kadar hayat kendi bildiği yollardan telaşsız, sakince, kimseler ortalığı velveleye vermeden, kimseler kimselerin canına okumadan akıp gidiyor.

Doğum günü yemeği bitmiş, bir masa insan kaldırıma dökülmüşüz, evlere dağılacağız, Salih yakınıma geliyor, "İyi geceler," diyor, onunla vedalaşırken kalbimin gümbürtüsünü duyuyorum. Göğüs kafesimin içinde bir canavar var, göğe doğru uluyor. Dışarı çıkmak, Salih'i öpmek, öpmek, öpmek istiyor. Korkuyorum kendimden. Yapabileceklerimden. Sessizce elini sıkıyorum "Hoşça kal," derken. Hemen kaçıp gitmek istiyorum oradan. Bedenimi Salih'in bedeninden uzaklaştırmak istiyorum. O sırada bana telefon numarasını yazdığı küçük bir kâğıt uzatıyor. "Yapma," diyorum içimden, "sakın bunu yapma." Kâğıdı alıp cebime koyuyorum. Bulduğum ilk taksiye atlayıp arkama bakmadan eve dönüyorum. Yol boyunca elimde kâğıdı döndürüp dururken, gülümsememi engellemeye çalışıyorum, olmuyor.

Birkaç gün geçer diye bekliyorum, geçmiyor. Canavar uykusuna geri dönmüyor. Beni de uyutmuyor. Çantamın ön cebinde duran kâğıdı çöpe atıyorum. Dayanamayıp akşamına çöp torbasını karıştırıp çöp suyuyla lekelenmiş kâğıdı buluyorum. Salih'e mesaj atıyorum.

N'aber?

Mehmet'e "Başka biri var," diyorum birkaç ay sonra bir akşam mutfakta. Birden çıkıyor laf ağzımdan. Hiç tartmıyorum sözlerimin muhtemel tesirini. Haftalardır susan sesim masa kurarken durduk yere kıvılcımlanan, incir çekirdeğini doldurmayacak bir tartışmanın ortasında konuşuveriyor. Evin ortasına bir bomba gibi düşüyor itirafım.

"Biliyorum," diyor Mehmet.

Başka biri olduğunu kendime bile ilk kez o zaman söylemişim. Elini bile tutmamışım Salih'in. Daha konuşmamışız "Biz neyiz, ne yapıyoruz?" diye. Ama Mehmet biliyor. Mehmet, beni biliyor çünkü.

Kadıköy'de buluşup çay içiyoruz saatlerce Salih'le. Kitapçıları geziyoruz. Sinemaya gidiyoruz. Film çıkışı sokaklarda yürüyoruz uzun uzun, sinema konuşuyoruz. Sevgili değiliz. Ama "sadece arkadaşız" da değiliz. Yan yanayken zaman akıp gidiyor, ayrılmak her geçen dakika daha da güçleşiyor. Elif ve Mehmet'le olan hayatım, üçümüzün yaşadığı ev, oturma odamız, mutfak masamız, iki kişilik yatağımız, Elif'in antrede duran yirmi sekiz numara sarı çizmeleri, duvarlarda asılı güleç fotoğraflarımız, banyo aynasının önünde duran diş fırçalarımız, Salih'le oturduğumuz o sonsuz masalarda benden adım adım uzaklaşıyor. İçim günbegün Salih'le, başka bir hayatın tasavvuruyla dolup taşıyor. O uzak gezegenden dünyaya dönmek istemiyorum. Eve gitmek istemiyorum.

O uğursuz gece sabaha kadar odalar arasında dolanıyor, yatağa gelmiyor Mehmet. Bağırmıyor, bir kötü söz söylemiyor, kapıyı çarpıp gitmiyor, hiçbir şeyi duvara fırlatıp paramparça etmiyor. Sessizliğiyle yıkıp döküyor ortalığı. Öksürüyor biteviye. Söyleyemediği her şeyi sabaha kadar öksürüyor.

Uyandığımda mutfakta buluyorum onu. Alnını masaya dayayıp uyuyakalmış. Kambur sırtı iyice eğilmiş, sanki kendi üzerine kapanıp kabuk olmuş. Paldır küldür sona eren sözde mutlu evliliğimizin son sahnesi bu: Mutfak masasında sızmış kocam. Kızımın pırlanta kalpli babası. Önünde içilmemiş bir kahve. İzmarit dolu bir küllük. Antrede hızlıca hazırladığım iki bavul beni bekliyor.

Evden çıkışımız sanki yüz yıl sürüyor. Her şey insanın kalbine ince ince kesikler atan bir yavaşlıkta akıyor. Nihayet kapıdan çıkıyoruz. Arkamızdan dan diye çarpacak sanırken daha asansör gelmeden sessizce kapanıyor kapı. Mehmet ve diğer her şey kapının arkasında kalıyor. Işık sönüyor. Asansörün kata tırmanan ışığı sahanlığı aydınlatana kadar Elif'le karanlıkta bekliyoruz öylece. Asansör geliyor. Elif, minik eli elimde, Mehmet'inkilerin kopyası gözleriyle bana bakıyor, gözyaşları pıtır pıtır yanaklarından iniyor, tek kelime etmiyor. Dünyanın taşıması en ağır sessizliğiyle asansöre biniyorum. Sadece bakıyor Elif. Sarılıyorum, öylece duruyor, gözünü kırpmadan bana bakıyor. Mehmet'i geride bırakıyorum ama gözleri Elif'in gözlerinde benimle geliyor. Elif doğup büyüdüğü evinden babasının üzgünlüğünü alıp çıkıyor.

Apartmanın önünde, neredeyse sekiz yıllık bir hikâyenin bittiği yerde, buradan sonra ne gelecek başımıza, aklımda ne Salih var o an ne başkası, Gülsüm'ü arıyorum.

"Evdeyim, gelin çabuk," diyor.

Takside fark ediyorum; bir elinde babasına körpe el yazısıyla yazdığı bir mektup var Elif'in. Sıkı sıkı tutulmaktan kâğıt hamur olmuş. Mektubu, daha da üzmemek için vermeye elinin varmadığını çok sonra söyleyecek bana. Pırlanta kalpli babasının pırlanta kalpli kızı beni hiç şaşırtmayacak.

Elif ne o gün ne başka gün "Neden?" diye sordu. Bir kere olsun isyan etmedi ama içten içe hep gücenik kaldı bana. Çok konuşan, şakrak bir çocuk zaten değildi ama o günden sonra iyice sessizleşti, kabuğuna çekildi. Ne zaman yanaşmayı denesem, usul usul kaçtı benden, yakın ilişki kurmayı gürültüsüzce reddetti. Benimle göbek bağını daha o yaşta kesti. Yuvasını bozan, çocukluk evini dağıtan, tıkır tıkır işleyen aile hayatının tekerine çomak sokan, babayı tek başına, perişan bir halde geride bırakan bir anneyle uzlaşmak istemedi.

Gülsüm'de bir ay kadar kaldıktan sonra kendimize küçük bir ev açtık Elif'le, Feneryolu'nda. Elif yeni eve pek ısınamadı. Her fırsatta bir bahane uydurup babasına gitmek istedi. Tatillerini Mehmet'le geçirdi. Eşyalarını peyderpey oraya taşıdı. Anadolu Lisesi sınavlarına hazırlandığı sene yaşadığımız evin küçük olmasını, çalışmak için daha geniş bir alana ihtiyacı duymasını bahane ederek temelli babasının yanına taşındı.

Karşı koymadım kararına. "Gel" demedim. "Neden gelmiyorsun?" bile demedim. Ailesi, yeri, evi babasıydı. Babasına benden çok güvendi. Sırtını ona yasladı. İlk kez regl olduğunda bile kendisini okuldan alması için Mehmet'i aradı. Sessiz, kayıtsız, işlevsiz anneyi de bir süre sonra anlamını yitirip gözden uzak bir yere kaldırılan eski bir eşya gibi hayatının merkezinden uzaklaştırdı. Onu özlememeyi öğretti kendine. Ona ihtiyaç duymamayı. Benden vazgeçti. Bir balık gibi elimden kayıp gitti.

Elif gidince yıllar sonra bir evde yeniden tek başıma kalmak başta tuhaf geldi. Uzun süre boğucu bir vicdan azabı içimi kemirse de bir süre sonra geçti. Mekânın boşluğu, sessizliği, sadece bana tahsis edilmiş olması hazır olmadığım, kendime bir süre itiraf edemediğim gizli bir sevinç doğurdu içimde. Gönülsüz annelikten mürekkep yetersizlik duygum, zamanla yerini özgürlüğün getirdiği tatlı hislere bıraktı. Bekarlık, çocuksuzluk, yalnızlık, ferahlık. Her gün bin çeşit anne mağlubiyetiyle baş etmekten, altında ezildiğim suçluluk duygusundan kurtulmuştum nihayet. Kim olduğumu hatırlamıştım. Ev benimdi artık. Sade benim. Zamanım, hayatım, hepsi bana aitti.

Saçlarımı kestirdim. Kısa, havalı bir model. Yıllar sonra ilk kez manikür yaptırdım. Kırmızı ojelerimle tek başıma Yakup'ta rakı içtim. O hafta Emek'te on iki festival filmi seyrettim. Hiç aklımda yokken Yüksek Kaldırım'da bir dükkânda görüp beğendiğim bir piyanoyu satın aldım. Elif birkaç hafta eve gelmeyince, başta dokunmaya çekindiğim odasını boşaltıp bir kere bile başına oturmadığım, nasıl çalındığını asla bilmediğim ve öğrenmediğim piyanoyu oraya koydum.

Geriye bakınca kızımın, gidişiyle beni asla göze alamayacağım büyük bir terk edişten koruduğunu görüyordum. Ben korkmuş, mutsuzluğumun içinde uyuşup kalmış, mutsuz olmaya alışmış, annelikten kaçamamıştım ama Elif benim isteksizliğimi, direncimi ve dolayısıyla beceriksizliğimi bizzat deneyimleyerek, altında perişan olduğum bu sorumluluğu benden alarak babasına teslim etmiş, birinin gönül rahatlığıyla kızı olabildiği yere gitmişti.

Çocuklar sağlam bir zemin arıyordu büyümek için. Dünyanın tekinsiz halleri karşısında yanlarında durunca kendilerini emin ellerde hissettikleri birini. Onları bırakmayacak, onlara "Merak etme, ben buradayım" diyecek biri. Gönülsüz ebeveynlik bir çocuğun başına gelebilecek en fena şeydi. Ben Elif'in talihsizliğiydim. Mehmet ise onun başına gelmiş en güzel şeydi.

Mehmet olmasa bu kadar rahat olur muydu bu geçiş? Bir çocuğa rehberlik etmek konusunda Mehmet'e sonsuz itimadım vardı. Gözüm arkada kalmadı hiç. Ne gerekiyorsa yaptı. İyi bir koca, iyi bir evlat, iyi bir arkadaş, iyi bir insan olduğu gibi iyi bir babaydı da. Aramızdaki husumetin kızıyla olan ilişkisine bir kez olsun gölge düşürmesine izin vermedi, Elif'i her şeyin üzerinde tuttu, her zaman yanında oldu. Yıllar içinde benim elime yüzüme bulaştırdığım bir sürü ebeveynlik sınavında ipleri derhal eline aldı. Elif'i benden, benim gelgitlerimden, dengesizliklerimden, belirsizliklerimden korudu. Bensiz gayet işledi düzen. Dünya bensiz de döndü. Neticede bana gerek kalmadı.

"Biraz duralım mı? Hava alalım azıcık."

Gülsüm hiç soru sormadan, önce uzanıp radyoyu kapattı, sonra sağa çekti, bir tarlanın kıyısında durdu.

Arabadan inip uzaklaştım, bir sigara yaktım. Canım deli gibi bira istiyordu. Aklımı düzenlemek için o biraya ihtiyacım vardı. Gülsüm inip yanıma geldi.

"Az kaldı," dedi, "birkaç saate oradayız."

"Beni hiç aramış mıdır Elif? Bebeği olunca yani... Anne olunca gelmiş miyimdir aklına? 'Şimdi annem olsaydı yanımda' demiş midir? Benim lohusalığımı biliyorsun. Sen olmasan geçemezdim o karanlık tünelden."

"Birileri gelmiştir yardıma elbet. Oğlanın annesi var. O, yalnız bırakmamıştır. Nadide var, halası da koşturmuştur."

"Kendi annen gibi olur mu hiç, Gülsüm?"

"Olmaz."

Sustu, söylediği sözün beklenmedik netliği karşısında o da şaşırdı, gönlümü okşamak istedi.

"Bazen böyle oluyor. Bazen olaylar olması gerektiği gibi olmuyor. Şimdi buna mı üzülelim? Ne yapalım?"

Lohusalık vahşi bir hayvan gibi saldırmıştı bana. Ben, sen, biz; her şey birbirinin içine geçmişti. Nerede başlayıp nerede bitiyordum, ayırdında değildim. İstila edilmiştim. Elif iki buçuk kilo varlığıyla bütün hayatımı kaplamış; kan, süt, gözyaşı, her şey birbirine bulanmış, annelik savunmaya geçmeye mecalimin olmadığı bir karşılaşmada beni ilk günden yere sermişti.

Bazen uyurken onu seyrediyor, inanılmaz derecede küçük ve yardıma muhtaç oluşu karşısında panikliyordum. Çok güzeldi, yumuşacıktı. Bu kadar kırılgan bir varlığı nasıl koruyacaktım dünyadan? Bana emanet olduğunu düşününce hafakanlar basıyordu. Onu büyütecek, insanlar arasına karıştıracaktım. Bütün o yıllar yıllar boyunca annesi olacaktım. Hiç bitmeyecek bir görevdi bu. Geçecek dedikleri hiçbir şey geçmeyecekti. Bir sürü eşikten atlayacaktık birlikte. Onun için doğru kararları alabilecek miydim?

Bu duygu ve düşünce sarmalının içinde hamile kalmadan önce anneliğin nasıl bir şey olacağını etraflıca düşünmediğimi fark ediyordum. Oysa istemiştim onu. Planlamıştım. Birinin annesi olmak, aile olmak iyi bir fikir gibi gelmişti. "Ben ne bok yedim!" duygusu içimde kabardıkça kabarıyor, çaresizlik içinde odadan odaya kaçıyor, Elif'ten kaçamıyordum. Annelikte kaçmak yoktu.

Kimsenin annesi olmadığım eski beni özlüyordum. Hayatımı, kimsenin annesi olmadığım hayatımı geri istiyordum. Hayatıma ne yapmıştım böyle? Bunu düşündükçe ağlıyor, faturayı hormonlara kesiyordum. O zamanlarda Mehmet beni usulcacık sarmalıyor, cinlerimi kışkışlamak için elinden geleni yapıyor ama hiçbir şey işe yaramıyor, depresyon kara bir köpek gibi mobilyaların arasında dolaşıyor, çekmecelerin içine, Elif'in minicik çoraplarının arasına saklanıyor, saklandığı yerlerden birden fırlıyor, üstüme atlıyor, paçama yapışıyor, beni karanlık köşesine doğru çekip duruyordu. O karanlık yerde kimse yoktu. Ne Elif ne Mehmet. Sadece ben ve kara köpek vardık.

"Ben yapamıyorum," dedim bir sabah. Kalktı geldi Gülsüm. On beş gün bizde kaldı. Öyle planlamamıştık ya, ben biraz aklımı yitirince beni o halde bebekle yalnız bırakamadı. Açılır bir koltuk aldık hemen, Elif'in odasına koyduk. Gülsüm yıllık izne çıktı, hem bana hem Elif'e annelik etti. O yerçekimsiz günlerde Mehmet'in de yoldaşı oldu.

Annem çoktan göçüp gitmişti hamile kaldığımda. Babam izin vermedi yaşasın annem. Geçimsiz, huysuz bir adamdı. Pantolonunun paçasından ayağını geçiremez, pantolona söverdi. Bizimle göz göze gelmez, biteviye homurdanır, mırıl mırıl bütün gün bela okur, etrafta çatacak insan arardı. Dünyayla kavgalıydı.

Her akşam sokağın başında dizel arabasının sesini duyunca anne-kız cennetimizin birazdan çalacak zille bozulacağını bilirdik. Annemin gün içinde neredeyse aydınlanan çehresi, babamın merdivenleri döven adımlarıyla aniden soluverirdi. Birazdan kapıdan girecek, hiç tahmin etmediğimiz bir yerden saldıracak, öfkesini üzerimize boca edip asla rahatlamayacak, uyuyana kadar dünyayı bize dar edecekti. O kadar istedim ki alsın asık suratını, homurtularını, kirli çoraplarını, gitsin başka yere. Çocukların duası kabul olurmuş. Benimki olmadı. Kimin önce öleceğine kim karar veriyor?

Annemin ani gidişine doktor tansiyon diye fatura kesmişti ama işin aslı caminin avlusunda kulaktan kulağa fısır fısır gezdi. "Çok çekti rahmetli," dedi komşuları arkasından. Başsağlığı dilemek için yanıma gelip "Kurtuldu," diyenler oldu. Ebedi istirahatı en çok hak eden insandı annem. Yorgundu, uyuyup dinlenince geçecek bir yorgunluk değildi onunkisi. Belki de anca ölünce, dedikleri yalan değil, kurtuldu. Üzgün öldü annem.

Elif mememde, odadan odaya deli deli gezindiğim o sabahı uzak gecelerde çok aradım onu. Bir şey yapmasa da olurdu, oracıkta dursaydı öyle, çok istedim. Bir sandalye çekip otursaydı yanımda. Nefesini duysaydım. Terliklerinin sesi dolaşsaydı evin içinde. Yan odada uyuduğunu bilseydim. Yalnız olmadığımı, yanımda olduğunu bilseydim. Belki bunca yadırgamazdım o zaman anneliği. Gülsüm vardı, tamam, Gülsümsüz kanatsız kuştum ama annem olsa başka olurdu. Yoktu. Olsaydı keşke.

Elif ne yapmıştı kucağında el kadar Nihal'le yalnız kalınca karanlık odalarda? O büyük çaresizlik karşısında tek başına nasıl tutunmuştu? Nasıl kışkışlamıştı lohusalığın acımasız cinlerini? Nasıl soğutmuştu yüreğini? Yoktum. Olsaydım keşke.

"Doğurmak çok acayip bir şey, Gülsüm. Bir canlının karnının içinde büyümesi. İçinde seninkinden başka bir kalbin atması. Kıpırdaması. Sonra bir gün senden ayrılıp pat diye kucağına düşmesi, yanında başka biri olarak bitivermesi. Küçük ama dev varlığıyla bütün alanlarını kaplaması. Sensiz hayatta kalamaması. Çok zor. Çok ağır bir sorumluluk. Manyakça bir şey. Çok korkutucu. Bir kadının kendi çıplak gerçeğiyle bu kadar karşı karşıya kaldığı, kendini ne yapsa kimselere anlatamadan böyle bir başkalaşımı tek başına göğüslediği başka bir hayat olayı var mıdır, bilmiyorum."

"Yoktur herhalde."

Gülsüm'ün müthiş bir anne olacağına adım gibi emindim. Ne var ki olmadı. Olması gerekirdi oysa. Yaşamın kusursuz devamlılığı için benim değil, Gülsüm'ün bir yavrusu olmalıydı. Onun sınırsız şefkatiyle yoğrulacak, çok sevilecek, hayalleri yıkılmayacak, ortada bırakılmayacak, reddedilmeyecek, annesinden ona miras bir sevecenlikle dünyaya kafa tutacak pırıl pırıl bir evlat verilmeliydi ona. Sistem hatasıydı resmen. Kozmik bir fiyaskoydu. Göksel bir komploydu bu.

Bir gece Elif çok ağladı, ne yaptıysam susmadı. Yorgundum. Öfke, o puslu günlerin en taşkın duygusuydu. O gece de önce karnımda bir alev topu tutuştu, yukarı tırmanıp boğazıma sarıldı. Öfkeydi beni ele geçiren. Tanıyordum onu. Dayanamayıp pat diye yatağa bıraktım Elif'i, kendi çocuğumu yatağına yatırır gibi değil, bir eşyayı koyar gibi, bir kâğıdı buruşturup çöpe atar gibi, ondan kurtulmak ister gibi. Elif ağlamaktan katıldı. Elimi süremedim önümde kuş gibi çırpınan küçücük bedenine, seyrettim sade, kollarını uzattı, beni istedi, almadım kucağıma, alamadım, istemedim onu, odadan kaçıp kendimi banyoya kilitledim. Gülsüm beni banyodan çıkarıp uykuya gönderdi, Elif'i o gece yanında yatırdı.

"Yat, uyu, dinlen, bu halde kimseye faydan yok."

O gece günlerdir ilk kez uyuduğumu ve o uykuda Elif'i

hiç aramadığımı hatırlıyorum. Sanki hiç doğmamıştı, sanki hiç hamile kalmamıştım. Sabah kalkıp, giyinip işe gidecektim. İnsanların arasına karışacaktım yine. Yine sadece ben olacaktım. Kahve içecektim mesela birileriyle. İş çıkışı birileriyle iki tek atacaktım. Öyle ferah, öyle deliksiz bir uyku. Bir yenidoğan annesi olarak derdimin uykusuzluk veyahut yorgunluk olmadığını, anneliği aslında sevmediğimi, elimde olsa önceki hayatıma geri dönmek istediğimi, birinin annesi olduğum bir yaşamın bana göre bir yaşam olmadığını, beni utandıran pişmanlığımı ilk kez yıllar sonra bir terapide kendi sesimden duyacaktım.

Gülsüm öyle değildi. Gülsüm sokaktaki kedilere çantasında mama taşır, saksıdaki çiçekleri "Yavrum benim" diye severdi. Ben kedileri sevmezdim. İnsanları zaten sevmezdim. Börtü böcekle de pek işim yoktu. Dikenli biriydim ben. Sevmelere, sevilmelere onun kadar hazır ve razı değildim.

O gece Elif'e boş memesini vermiş; Elif, Gülsüm'ün sütsüz memesini emerek sabaha kadar onun koynunda uyumuş.

O uzun uykunun sabahında odadan çıkıp mutfağa gittiğimde Gülsüm'le Mehmet kahvaltı yapıyorlardı. Beni fark etmediler önce. Mehmet bir espri yaptı, Gülsüm çok güldü. Mehmet de ona katıldı. Birlikte katıla katıla güldüler. Dün gece evi birbirine katan kızım pusetinde oturmuş sakince etrafa bakıyordu, bensizlik canını sıkmamış görünüyordu. Mutlulardı. Haklarında söylenebilecek en sahici şey buydu. Karşımda eksiksiz bir mutlu aile tablosu duruyordu.

Tabiatın bu zorlu görev için neden Gülsüm'ü değil de beni seçtiğini sahiden anlamıyordum. Elif onun kızı olsaydı nasıl olurdu? Mehmet o gece bana değil de Gülsüm'e âşık olsaydı? Mutlu olurlardı sanki. Ben muhtemelen uyduruk bir gümrük müşaviri olarak tarihin sayfalarına gömülür, mendebur suratımla ayakaltında dolaşmazdım. Onlar gökyüzündeki parlak bir yıldız gibi parlayıp dururlardı bir ömür. Çok severlerdi birbirlerini, kimse kimseyi üzmezdi, kimse durup dururken başkasına âşık olmazdı.

"Keşke sevebilseydim Mehmet'i. En azından söyleyebilseydim onu sevemediğimi. Kandırmasaydım kimseyi."

"Kabahatli mi arıyorsun? Olanlar kimsenin kabahati değil. Mehmet seni sevdi. Sen de ona hayır demedin."

Mehmet bir sabah bu defa taze sarı güllerle kahvaltıya gelmiş, daha antrede, ayakkabıları ayağında, paltosu sırtında, gözlükleri buhar, "Evlenelim mi?" demişti. Mehmet'ten öncesi o kadar sancılıydı ki. Olmayan ilişkileri oldurmaya çalışmaktan, bir sürü adamın muhtelif travmasını sırtlanmaktan bitap düşmüştüm. Şefkate muhtaçtım. Onun sakin, güvenli sularında huzur bulurum sandım. Hem çok sevilmek ne güzel şeydi. Kim istemezdi ki çok sevilmeyi? Mehmet'inki gibi insanı sarıp sarmalayan, şeffaf, üçkâğıtsız, iyi yürekli bir sevgiyi bir daha nereden bulacaktım?

"'Hayır' demeliydim."

"Mutlu görünüyordun."

"Patırtısız, güvenli bir ilişkiydi. Kafam rahattı. Hepsi bu. Mutlu olan sendin. Uğur'la ikiniz çok başkaydınız," dedim.

Gözleri daldı. Bir şey düşündü. Söylemedi. Konunun birden ikisine gelmesinden hoşnut olmadı.

"Nasıldık biz?"

"Siz çok sevdiniz, Gülsüm. Çok."

Eski bir gölün dibinde çamurlu sular fokurduyor; derinde bir yerde tarihî baloncuklar şişip şişip sönüyordu şimdi. Yıllar geçmişti aradan. Kalbi soğumuş olmalıydı çoktan. Ama üzerine bir daha sevmeyince insan, kalbinin bir yeri tutunup kalıyordu o eski sevgilerin içinde. Artık acıtmıyor ama yine de izi muhakkak duruyordu.

Uğur öyle coşkulu bir şekilde girmişti ki hayatına, ezberini bozmuştu Gülsüm'ün. Yeryüzünde değildi onun yanında. Tanıştıklarında evliydi Uğur. Saklamadı da evli olduğunu.

Duygusal olarak çoktan bitmiş ama teknik olarak henüz süren ve pek bitebilecek bir evlilik değildi onlarınki. Hâlâ aynı evde yaşıyorlar ama bir kadın-erkek ilişkisi paylaşmıyorlardı. Uğur böyle anlatmıştı, hiçbir şeyi gizlemeyerek kuralları baştan koymuş, kararı Gülsüm'e bırakmıştı.

Gülsüm bu gerçek karşısında afalladı elbet; gitmeyi, bitirmeyi defalarca denedi ama geride bırakamadı Uğur'u. Bir yılı aşkın görüştüler, eksik gedik, kaçak göçek. Sadece Gülsüm'ün evinde, sadece hayattan çalınabilen saatlerde. Gülsüm artık bu yükü taşıyamayacağına karar verinceye kadar sürdü böyle.

Doğum gününde aniden ayrıldı Uğur'dan. Evden telefon gelmiş, gitmesi gerektiği için erken kalkmıştı Uğur. Gülsüm onu yolcu etti, yanımıza geri geldiğinde sadece "Bitti," dedi. Kapıda ne konuşuldu, aralarında tam olarak ne geçti hiç anlatmadı. Sarhoşluğuna verdim, yarın nasılsa arar dedim, o gece üstüne gitmedim ama bir daha aramadı. Bıçakla bir uzvunu keser gibi kesti attı. Çok kanadı, ölümlerden döndü ama bir kez olsun acaba demedi. Uğur da dokunmadı ona. O da perişan haldeydi ama hikâyenin sonunu, ilişkinin kaderini değiştirecek bir şey yapmaktan geri durdu. Boşanmadı. "Boşanamam," dedi.

Gülsüm'ün yanaklarındaki güller, Uğur'un gözlerindeki yıldızlar bir gecede soldu, tarih oldu. Öylece yarım kaldı her şey. Kısaydı, haşarıydı, pervasızdı. Sahiden çok başkaydılar bizden. Büyük bir sevgiydi onlarınki. Büyük bir sevginin başına gelebilecek en büyük felaket gelmişti, yarım kalmıştı. Yaşanmamış, bozulmamış, en yoğun haliyle bir gün öylece geride bırakılmış, hiç eskimemiş, sadece hayal edilmiş bir aşk... Yaşansaydı, sonuna kadar gidilseydi nasıl olurdu? Bizimki gibi ilk esintide yıkılır gider miydi bir gecede? Ya da bir mum gibi yanıp yanıp kendi kendine mi sönerdi bir gün? Tükenseydi, yaşlansaydı, yıpransaydı nasıl olurdu?

Bir ihtimal olarak kaldı. Hiç oynanmamış bir oyuncak gibi açılmamış kutusuyla bir dolaba kaldırıldı. Gülsüm ne tam anlamıyla kurtulabildi ondan ne de yerine başka birini koyabildi. Bütün ömrünü başkasını sevemeden, yalnız geçirdi.

"Uğur gitti, biliyor musun?"

Afalladım. Yanlış anlamış olmak istedim. Yüzüne baktım. Doğru anlamıştım.

"Gitti. Öldü. Yaz başında."

"Hadi canım!"

"Kanserdi."

"Ah!"

"Aradı beni. Veda etmek istedi. Eve çağırdı. Gitmedim. Sonra bir arkadaştan duydum kötülediğini. Hastaneye kaldırmışlar. Gittim. Uyuyordu. Gözleri kapalı orada uzanmış yatan Uğur değildi sanki," durdu, yutkundu, "çok değişmişti. Varlığını çoktan teslim etmiş, gitmeyi bekliyordu. Kapıdan baktım. Giremedim odasına. Uyuyordu. Hiç istemedim gözlerini açmasını. Gözlerini görmek istemedim. Gözü gözüme değsin istemedim. O gece gidivermiş."

"Ah benim canım. Beni niye aramadın?"

"Aradım."

"Allah benim belamı versin, Gülsüm."

Gülsüm tabii ki beni aramıştı. Ben sarhoş ağzımın suyu mindere akmış, sızmış yatıyordum koltukta. Gülsüm beni aramış, ben "Gel" diyememiştim. Tek başına taşımıştı Uğur'un ölümünü. Ben yoktum yanında. Gülsüm beni aramış, ben açmamıştım.

"Çok ağladın mı?"

"Boş ver," dedi. "Geçti gitti. Birkaç gün ağladım, sonra gözyaşım bitti. Neyse canım. Haydi, atla. Vakit kaybetmeyelim daha fazla."

Arabaya bindi. Yanına oturdum.

"Gittin mi cenazesine?"

Konuyu kapamadığım için bana sinir oldu.

"Hayır. İstedim gitmeyi ama yerim yoktu orada. Nesiydim ki ben Uğur'un?"

"Her şeyiydin, Gülsüm."

"Saçmalık. Bir taşı bile oynatmadı yerinden benim için."

"Çok sevdi seni."

"O nasıl sevmekmiş?"

"Kendince vardı bir açıklaması."

Gözleri daldı.

"Su kenarında bir evin hayalini kurardık bazı akşamlar. Denizi çok severdi Uğur. Denize uzanmış bir kayanın üzerinde bir ev hayal ederdi. Dünyadan uzak. Nihayet ikimize ait bir ev. Kapısını çalınca benim açacağım, Uğur'un gecenin bir saati beni bırakıp gitmeyeceği, yanımda uyuyacağı bir ev. Penceresiz bir odacığa razıydım ama severdim o uzak hayali dinlemeyi ondan. Ağzı da laf yapardı, bilirsin. Uzun uzun anlatırdı. Bildiği, gördüğü bir yeri anlatır gibi anlatırdı...", durdu, "sanki o kadın ben değilim, eskiye öyle uzağım artık. Üzerine kaç kışın karı yağdı, kaç sonbaharın yaprağı döküldü. Sular aktı, taşlar yuvarlandı, çukurlar doldu, tümsekler eridi... Masalmış meğer, fazla inanmışım ona, nereden bilebilirdim..." Bir şey düşündü, sonra dünyaya geri döndü, "Neyse, zaten memleketinde aile mezarlığı varmış, oraya gömdüler. Kalkıp oralara gidecek halim yoktu."

"Nereye? Tire'ye mi?"

"Evet."

Sessizliğimi anında çözdü.

"Aklından bile geçirme!"

"Bunu benim için yapar mısın? Uğur'a benim için veda eder misin, Gülsüm? Kapatalım mı artık şu dosyayı?"

Düşündü.

"Dosya kendi kendine kapandı zaten. Sana, bana mı kaldı dosyayı kapatmak? Göçtü, gitti adam."

Elimi uzattım, kalbinin üzerine dokundum.

"Buradaki dosyayı, Gülsüm. Sen de biliyorsun neden bahsettiğimi."

"Ne olacak veda edince? Ne değişecek? Elli altı yaşındayım ben. Bu saatten sonra... Boş versene... Ben seni denize sokacağım iki saate. Söz verdim."

"Ya tamam, iki dakika ziyaret edip yola devam edeceğiz."

Motoru çalıştırdı. Aynada kendine baktı. Kâküllerini düzeltti.

"Güzelsin, çok güzelsin," dedim.

Derin bir nefes aldı. Kontağı çevirdi.

"Sen var ya sen! Bıktım senden! Yapıştın yakama, bin yıldır bırakmıyorsun peşimi, pis kadın!"

Güldü. Dayanamadım ben de güldüm, çok ama çok uzun zaman sonra ilk kez birlikte güldük. Eski günlerdeki gibi, hayat daha önümüzde upuzun bir yolmuş gibi güldük, daha yaşanacak yazlar ve de kışlar varmış gibi. Karanlık arazinin ortasında farlarını asfalta dikmiş bir araba gidiyordu. İçinde iki kadın. Gülüyorlar mı, ağlıyorlar mı? Dışarıdan bakınca söylemesi zordu.

Mezarlığı bulmamız kolay olmadı. Vardığımızda gün ağarmak üzereydi. Gülsüm kontağı kapatıp vakit kaybetmeden arabadan indi. Demir kapıya yürüdü. Açmaya çalıştı, açamadı.

"Kapalı," diye seslendi, arabaya doğru seğirtti, "Başka zaman geliriz."

Arabadan indim, yolunu kestim.

"Başka zaman falan gelemeyiz. Parmaklığın üzerinden atlayacağız."

"Sen iyice delirdin."

Mezarlığın duvarına çıktım. Demir parmaklığa tırmanıp arka tarafına geçtim. Atlarken son anda ayağım kaydı, çuval gibi çalıların içine yuvarlandım.

"İyi misin?"

"İyiyim anacım, iyiyim! Çalıların üstüne yumuşak iniş yaptım."

Arkamdan koştu. Duvara çıkıp parmaklığın arkasından bana baktı.

"Yaşlandın ama hiç akıllanmadın."

"Yaşlı sensin! Atla bakalım parmaklığın üstünden, sen nasıl atlıyorsun göreyim."

Gülsüm parmaklığa tırmandı, bacağını üzerinden atıp yumuşacık yanıma indi. İnmedi de kondu sanki.

"Şimdi bir de bu karanlıkta mezar mı arayacağız? Nereden uydum aklına? Sen insanın başına anca dert açarsın."

"Sen şimdi elinle koymuş gibi bulursun."

"Tövbe estağfurullah."

Gülsüm önde, ben arkada mezarların arasındaki toprak yolda yürümeye başladık. Epey dolandıktan sonra az ötemden seslendi.

"Buldum!"

Yanına gittiğimde mezarın kenarına çökmüş, öylece toprağa bakıyordu. Daha mermeri yapılmamış. Topraktan bir tümsek duruyor önümüzde. Yaklaştım. Elimi omzuna koydum.

"Uğur mu şimdi bu? Bu toprağın altındaki?" dedi, "Çok acayip."

Burnunu çekti. Omzunu sıktım.

Yerde bir şeyler arandı. Küçük, yuvarlak bir taş buldu, eliyle tozunu aldı, parmağıyla okşayıp pürüzsüzlüğünden emin oldu, cebine koydu. Ayağa kalktı.

"Hadi, gidelim."

"Ona bir şeyler söylemek ister misin gitmeden?"

Yüzüme baktı.

"Çok geç değil mi artık?"

"Onun duyması için çok geç ama senin duyman için çok geç değil."

"Of! Niye geldik ki biz buraya?"

"Çünkü kaç kaç nereye kadar?"

Etrafa baktı. Sanki bir kalabalığın önünde konuşma yapacak gibiydi. Sessiz mezarların arasında boğazını temizledi. Uğur'un mezarına döndü.

"Aptal!" diye bağırdı. Arkamızdaki serviden bir grup karga havalandı.

"Bu kadar mı?"

"Evet."

"Pekâlâ."

Döndü, kendini kollarıma bıraktı, hıçkıra hıçkıra çocuk gibi ağladı. "Aptal! Aptal!" Sesi tişörtümde boğuldu.

Biraz sakinleşince kollarımdan kurtulup burnunu çeke çeke mezarların arasında kayboldu, az sonra bir hortum bulmuş, sürüye sürüye getirdi, ucundan ip gibi su akıyor, mezara tuttu, topraktan başını yeni uzatmış yeşil çimen yapraklarını suladı. İşi bitince hortumu öylece yere bıraktı. Akan su hemen oracıkta minik bir göl oluşturdu.

"Sigaran var mı?"

"Sen sigara mı içiyorsun?"

"Bir şeyleri tutuşturmam lazım."

Sigarayla çakmağı uzattım. Yaktı, bir nefes çekti, öksürdü, sigara kendi kendine yanıp sönene kadar öylece iki parmağının arasında tuttu.

"Bana bir gün ne dedi biliyor musun? 'Sonunda seni buldum.' Aynen böyle dedi. O zamanki beni hatırlasana, zaten eriyip gitmişim, 'Uğur, Uğur' diye aklımı yitirmişim, bir de bunu duyunca bittim. Düşünsene. Birinin yeryüzünde arayıp arayıp sonunda bulduğu kadınsın. Of, ne cüsseli laf! Şimdi gülesim geliyor. Ne çok konuşuyor insanlar. Ne çok söz var, uçuşup duruyor tepemizde. İnsanlar sadece konuşuyor."

Gözü daldı yine. Bir resim geldi gözünün önüne. Anlatmadı ne olduğunu.

"Neyse ne canım. Gidelim mi artık? Bir saate denizdeyiz."

"Olur. Haydi."

Kalktı, yavaş adımlarla geldiğimiz yollardan demir kapıya doğru yürüdü. Arkasından sessizce onu takip ettim. Kapıya varınca itip mezarlıktan çıktı. Yaptığına şaşırıp bana döndü.

"Kapı ters yöne doğru açılıyormuş," dedi.

"Bunu öğrenmek için ayağımı kırmam gerekiyormuş!"

"Kırık değildir, kırık olsa duramazsın."

Yüksek sesle güldüm.

"Gülsüm, sen benim güneş sistemimsin."

"Hadi, hadi. Süslü laflarla olmuyor o işler. Bana acil kahve bulmamız lazım. Bin çabuk, oyalanmayalım daha."

Kapıyı açıp oturdum. Tam gideceğiz, birden arabadan inip gerisin geri koşarak mezarlığa girdi. Birkaç dakika sonra geri geldi. "Bir şey demeyi unutmuştum..."

Arabaya binmeden son bir kez uzaktan Uğur'un mezarına doğru baktı, el salladı. Bir kafede buluşup ayrılmışlar gibi. Kapılar kapanır kapanmaz gaza bastı, arkamızda bir toz bulutunu yerden kaldırarak mezarlığı hızla geride bıraktık.

Gökyüzü karşıki tepenin çizgisi boyunca kızıla dönmüştü artık yüzünü. Uzakta bir köpek havladı. Bir pencerenin ışığı söndü.

Ana yola çıkınca önce doğan güneş, arkasından yağmur karşıladı bizi. Kocaman damlalar camları yıkarken uyumuşum.

Ne zaman sonra gözümü açtığımda pencerenin dışından hızla yeşil yamaçlar geçiyordu. Bir bulut üzerimize yükünü dökmüş geçmiş. Gökyüzü şimdi aydınlık, hafif. Dünyanın en güzel sabahı. Çocuk gibi sevindim. Son yazı yakalamıştık kuyruğundan. Güneşin ılık ışınlarının yanağımızı okşadığı, suların hâlâ aydınlık olduğu yerdeydik artık.

Gülsüm uyandığımı gördü.

"Günaydın. Önce pansiyona uğrayalım mı? Soyunup dökünelim. Mayolarımızı giyelim, sonra hemen denize."

"Gülsüm güleceksin ama ben mayomu içime giydim. Direkt suya atlamaya hazırım."

"Dalga geçiyorsun."

"Vallahi geçmiyorum. Mayomu içime giymem gerekiyordu."

"O nasıl bir zorunlulukmuş öyle?"

"O evden çıkmak, bu arabaya binmek için bir şey yapmam gerekiyordu. Bu kâbusun bir su kenarında biteceğine ikna olmam gerekiyordu. Ben de mayomu içime giydim. Kendi kendime uydurduğum bir şey işte."

"Delisin, deli!"

"Olabilir. Herkesin kendine göre delilikleri var."

"O zaman rotamızı önce denize çeviriyoruz."

Az sonra ana yoldan ayrılıp, dışarıdan görünmeyen, ancak bilenin sapacağı bir toprak yolu takip ederek küçümen bir koya indik. Arabayı biraz yukarıda bir ılgının gölgesine park ettik, aşağı yürüdük. Kayaların uzanıp denize sarıldığı ya da belki de denizin yavaşça süzülüp kayaların koynuna girdiği yerde iki adımlık bir kumsaldı burası. Sitelerin hunharca istila ettiği civar yamaçların arasında her nasılsa kalakalmış bir küçük eski dünya kumsalı. Sağ uçta kaplumbağa şeklinde bir kaya, sol uçta kulübeden bozma bir kafe vardı. Camında "Soğuk bira" yazıyordu.

"Kahve ister misin?" diye seslendi Gülsüm.

"Olur."

Ayakkabılarımı çıkardım. Suyun içine yürüdüm. Tahminimden soğuktu. Kuma geri kaçtım.

"Öyle ürkek ürkek olmaz. Koşup suları patlata patlata atlaman lazım. Bu kadar yolu boşuna gelmedik," dedi elinde kahvelerle gelirken.

"Ne güzel bir yermiş. Neresi burası?"

"Gabayemiş Koyu. Herkes bilmez. Bilen bilir bir tek."

Fincanı uzattı. Kocaman bir yudum aldım. Kahve berbattı.

"Buranın kahvesi değil birası meşhurmuş," dedi göz kırpıp. "Nasılsın şimdi?"

"İyiyim."

Daha iyi olduğum zamanlarım olmuştu. Ama düne göre kesinlikle daha iyiydim. Evi, şehri, şehirdeki sefil aylarımı arkamda bırakmak, yola çıkmak nefes aldırmıştı. Şimdi ayaklarım suyun içinde, Gülsüm'ün yanındaydım. Yola çıkmıştım ama sanki eve gelmiştim.

"Sen nasılsın?"

"Özlemişim seninle dolanmayı."

"Gülsüm, beni seviyor musun?"

"Seni o kadar seviyorum ki, kırk yılın başında geldiğim, bu akşam şuracıkta bir rakı masası kurulmazsa ayıp olacak bu güzelim koyda ağzıma bir damla bile rakı sürmeyeceğim. Denizden çıkıp birayla duble patates de söylemeyeceğim. Burada oturup bu, dünyanın en rezil kahvesini içeceğim ve senin bunalımlı orta yaş üstü demeçlerini dinleyeceğim. Reflüm tutacak muhtemelen ama yine de gıkımı çıkarmayacağım."

Dünyada sevilmeyi ondan daha çok hak eden birini tanımıyordum. Yıllardır kimseye onu sevmesi için izin vermemiş olması ne büyük talihsizlikti.

"Gülsüm, sence yeniden sever misin?"

"Ne bu, anket mi yapıyorsun?"

"Belki o kadar geç değildir sevmek için. Olmaz mı?"

"Yaşlı erkeklerle hayatta uğraşamam. Yaşlı erkekler yaşlı kokuyor. Dayanamıyorum o kokuya."

"Genç birini seversin belki. İlla yaşlı mı olması lazım?"

"Gencoların da artistlikleriyle uğraşamam. Ben o departmanı kapadım kuzum. İyi de yaptım. Gönül boşken de güzel. Oh, mis, eşyasız ev gibi. Koştur dur. Ferah, sakin."

"Yalnız ölürüm diye korkmuyor musun?"

Durdu, cevabını düşündü.

"Ölümü hiç aklıma getirmem ben. Yaşam dururken ölüm bokumu yesin affedersin. Hem insan yanında ölmek için birini arıyorsa bayağı yanlış yerde bence. Ben ölürüm kendi kendime. Kimseye zahmet vermem. Gelir, bulursunuz. Koyarsınız bir mezara. O saatten sonrası benim işim değil, top sizde. Yokluğumun derdi, sizin derdiniz."

"Ben çok korkuyorum yalnız ölmekten."

"O zaman aç kapını. Kendini, kalbini kemirmekten vazgeç. Öyle tıkalı lavabo gibi oturma. İzin ver, içeri hayat girsin önce. Arkasından gelir güzel güzel misafirlerin. Bir tanesi elbet yatıya da kalır."

Haylaz bir kahkaha attı. Ben de güldüm.

"İnanır mısın, şu anda biriyle sevişmek aklımdan geçen son şey. Sinemaya gitsek. Çıkışta profiterol falan yesek. Olmuyor mu artık öyle?

"Olur, olur. Senin hayatın. Sen ne çağırırsan, o gelir. Ama sinemaya gitme işlerini de pek beceremedin sanki sen." Göz kırptı.

Mehmet'le ayrıldıktan sonra iki ya da üç kere görüşmüştük Salih'le. Mehmet'ten ayrılmış olmam şaşırttı onu. Beklemiyordu hikâyenin merkezine çekilmeyi. O bir kenar insanıydı. Yine de kaçmadı benden. "Tamam, ben varım," dedi. Bir gece geçirdik birlikte. Sabah kahvaltı ederken "Hayal ettiğimiz gibi değildi, değil mi?" dedi. Tanıdığım en net insanlardan biriydi Salih. Müthiş bir berraklıkla görüp yaşıyordu hayatı. O sabah kurduğu bu cümle her şeyin özeti oldu. "Görüşürüz," diye ayrıldık o gün. Bir daha da görüşmedik. Hayali çok güzeldi, gerçek olunca öyle olmadı.

Kızmadım ona beni bir daha aramadığı için. Gücenmedim. Üzülmedim dersem yalan olur. Güzel adamdı. Bir kadının nadiren karşılaşacağı, bulunca kaybetmek istemeyeceği biriydi. Çelebi bir insandı. Ama iyi ki bir daha aramadı dedim sonra. Erken uyarısı ikinci bir ayrılık krizinden korumuştu beni. Bu bina yıkılır, demişti, yerleşmeyelim içine, gel, bahçesinde azıcık oturup, dağılalım. Öyle bir veda.

"Hayal ettiğimiz şey, hayal ettiğimiz şey değilmiş," dedim Gülsüm'e.

"Boş ver, iyi ki gittin peşinden... İhtimal olarak kalsaydı ne olacaktı? Boğazında bir yumru, yutkunup duracak, yutamayacaktın bir ömür."

"Bir ihtimal için evimi bozdum."

"Bozmasan kanser olurdun. Olmayınca olmuyor. Keşke herkes senin gibi olsa."

"Bencil?"

"Hayır, yürekli."

"Ben mi yürekliyim? Bütün rezil sıfatlarımın yanında bir de yüreklilik olsun, hiç aklıma gelmezdi."

"Birini sevince, o sevgiyi anons edince tamam sanıyoruz. Heves lazım, tamam, köpek gibi âşık olmak da lazım, illa ki başın dönecek, aklını yitirecek gibi olacaksın, onsuzluğu hayal edemediğin biçare bir hal gelecek üstüne ama bunlar uçucu, kaçıcı şeyler. Sonra çok iş var. Emek vermen lazım. Bazı şeyleri feda etmen lazım. Teslim olman lazım. Yer açman lazım. Taş üstüne taş koyman lazım. Sonra o ilişkiye gözün gibi bakman lazım, çürümesin, çökmesin, eskimesin. Ona hayatını vermen lazım. Bunlar yoksa heves balon gibi bir şey, sönüp gidiyor."

"Altmış yaşında kimin işine yarar bu bilgelik!" dedim, güldü.

"Sorma, yavrucuğum, sorma!"

"Sana da her şey bitmiş gibi geliyor mu? Yaşlandık mı sahiden Gülsüm biz? Kaçırdık mı treni? Böyle düşününce kalbim sıkışıyor."

"Biraz yaşlandık. Yalan yok. Ama her şey bitti deyip kenarımıza çekilecek değiliz. Ömür daha yerinde duruyor."

"Bu kadar iyimser olman sinirimi bozuyor. Zamanda geriye gitsen mesela bir şeyleri değiştirmez miydin yani? Şimdiki aklın olsa..."

"Bir şeyi değiştirsem bütün matematik değişirdi. O kadar büyük bir ihtimali hayal edemem. Kalbime yük. Zaten bir işime de yaramaz. Anca kafamı karıştırır."

Uzun bir sessizlik girdi aramıza. Beyaz bir yelkenli ufuk çizgisi boyunca yol alıp kayboldu.

"Ben anne olmak istemezdim. Doğurmazdım Elif'i," deyiverdim. Yüzüne bakamadım derken. Yerde bulduğum bir dal parçasını diktim kuma.

"Ama oldun. Doğurdun onu. Dünyada bu hakikatten kaçıp saklanacağın bir delik yok."

"Kaçmayıp kabul etsem ne olacak? Artık çok geç."

"Bir şeyi unutuyorsun. Senin bir torunun var artık. Yavrunun yavrusu geldi dünyaya. En başından dahil olabileceğin çiçek gibi bir yolculuk bu."

"Çok korkuyorum."

"Kork. Elif'i biraz tanıyorsam, ki iyi tanırım ben Elif'i, işin zor ama umut yok değil."

"Benimle gelir misin Nihal'i görmeye?"

"Gelemem. Bu senin işin."

Durdu, aklına parlak bir fikir gelmiş gibi heyecanlandı.

"Ama giderken ne giyeceğine karar verebilirim."

"Bana çiçekli gömleklerinden birini giydireceksin..."

"Aynen," dedi, kıkırdadı.

Şu çıngıraklı gülüşünü de verseydi ya ödünç, halden anlayan anne gözlerini, şakrak sesini...

"Gömlek yetecek mi Gülsüm?"

"Gömlek teferruat. Sende daha etkilisi var."

Merakla baktım yüzüne.

"Onu dünyaya sen getirdin, şaşkın. Sen Elif'in annesisin. Elif'in annesi sensin."

"Elif'in annesi olma vasfını ve fırsatını çok uzun zaman önce yitirdim ben Gülsüm," diyemedim. Elif'in hayatında bana yer var mıydı yani hâlâ? Sanmıyordum. Ya ben hazır mıydım onun annesi olmaya? Onun rızasını almak bir yana, kendim razı mıydım buna? İçimde bir çocuğa yıllardır açılmayan yeri nasıl anlatabilirdim bir başkasına?

"Rıza lazım, Gülsüm. Annenin bu işe razı olması lazım. Doğurmak yetmiyor anne olmaya. Doğurunca öyle hemen anne ilan ediyorlar ya seni, keşke öyle kolay olsa. Anneyle çocuğun gönül bağı, doğurunca kendiliğinden bağlansa keşke. Olmuyor ki öyle. Dedin ya az önce, aynı şey, bazı şeyleri feda etmen lazım. Yer açman lazım. Teslim olman lazım. Ben teslim olamadım. Ben Elif'e yer açamadım. Ben kızıma annelik yapamadım. Gelmedi içimden. Ben o annelerden olamadım."

Sustu. Gülümsedi sade. İçimden geçeni biliyordu, deşmedi.

"Hadi suya!"

"Ya Gülsüm, ben galiba yapamayacağım."

"Hadi canım!"

"Oluru yok, sahiden... Su çok soğuk!"

"Yine yan çizdin, üçkâğıtçı! Olsun. Ne yapalım. Bir kahve daha içelim mi?"

İnsanla insanı bağlayan yegâne şey sevmekten başkası değildi; ne olursa olsun, bir insanı eskimeyen, durduğu yerde kıymetlenen, olanı biteni unutturan bir sevgiyle sevebilmek varabileceğin en üst mertebesiydi bu işlerin. Gölün dibine çökmeyen, bilakis çamurlu suyun yüzeyinde bembeyaz açmış bir nilüfer çiçeği gibi duruyordu sevgi Gülsüm'le aramızda. Gülsüm beni doğurmayan annemdi. Bu dünyadan kaçıp saklandığım ağaç kovuğum. "Geliyorum," demeden çalacağım kapım. Yeşerdiğim toprak. Bahar bahçem. Arkam. Arkadaşım. Onu hak edecek ne yapmıştım?

Ayağa kalktı. Elini cebine sokup mezarlıktan aldığı taşı çıkardı. Bakmadan denize attı. "İnsan hiçbir şeyi gereğinden fazla büyütmemeli," dedi kendi kendine. Kafenin yolunu tuttu. Anında dibe batan taşın suyun üzerinde çizdiği halkalar büyüdü, büyüdü, nihayet yok oldu.

Pansiyon odasında yan yana uyuduk o gece. Yurttaki gecelerimiz gibi, "Hadi yatalım," deyip ışığı kapattıktan sonra da saatlerce sürdü sohbetimiz. "Dönüş yolunda arabayı sen kullan," dedi Gülsüm. "Olur ama ben gece araba kullanamam," dedim. İtiraz etmedi, sabah erkenden çıktık yola.

Yol boyunca o uyudu. Ben düşündüm. Hayata sırtını dönmüş kasabaların içinden geçtik. İnsansız, köpeksiz, tavuksuz köylerin, kapısı penceresi kapalı kasabaların içinden geçtik. Kurumuş derelerin üzerinden, sararmış çayırların yanından. Yapraksız ağaçlar, bacası kara dumanlı fabrikalar, çıplak tepeler, gri bulutlar karşıladı bizi şehre yaklaştıkça. Yol kenarında birikmiş çöpleri uçurduk rüzgârımızla. Yağmur niyetine çamur yağdı üzerimize. Yağmur yağınca daha da karardı gök. Nihal'i düşündüm. Nihal'i düşündükçe aydınlandı içim. Kafamın patırtısı dindi. Kalbim çiçeklendi. Yaşam benden vazgeçmemiş, bana yeni bir sevme ihtimali yollamıştı. Yeni bir sevme, sevilme ihtimali. Lekesiz, ellenmemiş, yorulmamış bir ihtimal. Basılmamış kar. Girilmemiş bahçe. Kaçırmadığım, henüz kaçırmadığım bir tren.

Gişeleri geçince uyandı Gülsüm. "Yazın yine gideriz, o zaman girersin suya," dedi, yıldızlı gözlerini bana çevirip, yüzünde müşfik bir gülümseme parladı, "Şu kışı bir atlatalım da."

II

Elif'in Hikâyesi

Pansiyon odasında gözümü açtığımda güneş çoktan tepeye tırmanmış, yakıcı ışınları panjurun arasından sızıp karnıma, sanki önemli bir şeyin altını çizer gibi, boydan boya bir çizgi çizmişti. İçerisi boğucu, karanlıktı.

Hayıtdibi'ne yolumun düşmediği yıllar içinde buranın en çok erken saatlerini özlemiş, yol boyunca serin, sessiz, dünyadan uzak bir sabaha uyanmanın hayalini kurmuştum. Otobüsün saatini buraya gece yarısı varacak şekilde ayarlamış, gelir gelmez kafamı yastığa koyup, kavuşma anını sabaha ertelemiştim. Ne var ki öğlene kadar uyuyunca ışığın geceden güne döndüğü, kalabalıkların henüz ortalıklara dökülmediği, rüzgârın bütün gece dağlarda dolaşıp yüklendiği bin türlü kokuyla deniz kenarına indiği eflatun saatleri kaçırmıştım. Gözlerimi kavurgan ağustos sıcağının ortasına açmak yeterince tatsız değilmiş gibi epey yakından gelen bir matkap sesi, haddinden fazla uyumaktan mütevellit baş ağrıma eklenince iyice canım sıkıldı.

Yatakta doğruldum. Biraz taze hava solumak hayaliyle odanın kapısını açmak üzere kalktım. Ayak parmaklarım serin karolara değince imdadıma yetişen bir ferahlık hissi içimi okşayıp geçti. Öğle sıcağı ardına kadar açmamı beklemeden ağır cüssesiyle kapıyı omuzlayıp içeri daldı. Kaldığım oda beyaza boyanmış bir duvara bakıyordu. Duvarın arkasında dünya çirkini bir binanın krom küpeşteleri parlıyordu. Özlediğim yer burası değildi. Yaz gününün bu yılışık saatleri hiç değildi.

Babamla bir ara çok sık gelirdik buraya. O yıllarda köyde pansiyon yoktu ama Hayıtdibi'nde atölye açmış Ankaralı bir heykeltıraş zamanla yaşadığı evin odalarını kiralamaya başlamıştı. Ömer, zamanla babamın da yakın dostu olmuştu. Bir mandalina bahçesinin ortasındaki taş ev, hepsinin de kapısı bahçeye açılan dört odasıyla o yıllarda kimsenin pek bilmediği bu beldede kalacak tek yerdi. Hemen her yaz uğrardık, Ömer'in evinde bir-iki hafta kalırdık mutlaka.

Babam bir sabah insanıydı. Erken yatar, herkesten önce uyanır, nerede olursa olsun mutlaka bir pencere önü bulur, hava aydınlanırken tek başına günün ilk kahvesini içerdi. Sabahı sevmeyi, sabahı kaçırmamayı ondan öğrenmiştim.

Burada baş başa geçirdiğimiz günlerde de beni güneş doğarken uyandırır, başta yataktan çıkmamak için huysuzluk etsem de dışarıya adımımı atar atmaz bahçenin büyüsüne kapılır, börtü böceğin bir ağızdan yeni günü karşıladığı o güzelim sabahları kaçırmadığım için kendimi şanslı sayardım. Babam yanımıza ortak mutfaktan bir termos çay alır, ekmek arası peynir domates hazırlar, ikimiz kimseleri uyandırmadan sessizce çıkıp, üzerimizde sadece mayolarımız, mandalinaların arasından yalınayak sahile yürürdük. Denizin önümüzde mavi bir atlas gibi uzandığı, bütün dünyanın sadece babamla ikimize ait olduğu sabahlardı onlar.

Kıyıya varınca babam her defasında koşa koşa suya girer, balık gibi yüzüp biraz açıldıktan sonra geri dönüp karaya bakar, teşekkür ederdi. Sesi koyun iki tarafında yükselen kayalıklara çarpıp bize geri gelir, bana her şeyi kapsayan o kocaman şeyin bizi de kapsadığını hissettirirdi.

Kıyı boyunca yükselen ılgın ağaçları vardı o zaman. Suda parmaklarımız buruşuncaya kadar kalır, yükselen güneşle birlikte çıkıp bir ılgının gölgesinde taşlara oturur, pikniğimizi yapar, konuşurduk. Babam gençti. Ben çocuklukla gençlik arasındaki o çakıllı yolu yürüyordum. Meraklıydım. Binlerce soru zihnimde yanıp sönüyor, babam sonsuz bir sabırla her şeyi tek tek anlatıyor, birisinin elinden kaçırdığı bir balon gibi hissettiğim o yıllarda göğe doğru yükselirken müşfik cevaplarıyla beni ayağımdan yakalıyordu.

Kendimi zorlayıp dışarıya, o usandırıcı ışık selinin içine çıktım. Bütün hücrelerimi ele geçiren bir sıcaklık dalgasının ortasındaydım şimdi. Odanın açıldığı güzelim bahçenin yerinde bir motel yükselmiş, kapıya sandalye masa çıkarıp saatlerce dama oynadığımız toprak alanı Mandalina Apart'ın her yeri kaplayan beyaz betonu yutmuştu. Kumsal da bu kazulet binanın arkasında kalmıştı. Deniz kenarından sadece baslarını duyduğum bir müzik ve yılda elli bir hafta çalışıp bir hafta izne çıkan tatilcilerin telaşlı uğultusu geliyordu. Kenardan azıcık görünen deniz, insan çırpıntıları, gezi teknelerinin sintineleri, sinek gibi etrafta dolaşan pancar motorları tarafından dört bir yandan köpürtülmekten yorgundu. Sabahın güzelim çarşaf denizi şimdi deli uyuyan birinin yatağına benziyordu.

Çok duramadım dışarıda, belki bir dalar çıkarım, ateşim söner diye geçirmiştim içimden ama o hengamenin içinde hayal edemedim kendimi, gerisin geri içeri kaçtım. Odanın kapısını kapatıp, yatağa geri uzandım. Yorgundum. Günlerce yürümüşüm gibi. Günlerce uyumamışım, hem yürümüşüm hem sırtımda dünyayı taşımışım gibi yorgundum.

Bedenim son sürat bir yaşantı inşa ediyordu içimde. Her saniye körpe hücreler yoktan var oluyor, bir araya geliyor, çoğalıyor, içimde yeni bir can anbean genişleyip serpilerek kendine yer açıyordu. Altı hafta önce içimde belirivermiş bir ihtimali getirmiştim yanımda. Oracıkta, karnımın hemen altında, küçümen bir nabız, bir göz odanın içinde bir kımıltı, cılız ama kararlı bir kımıltı, benimle otobüse binmiş, buraya gelmişti. Dört yıllık aksak bir ilişkinin, ölmeye durmuş bir aşk hikâyesinin, bir olmamışlıklar silsilesinin içinden nasıl olmuş da böyle bahar dalı gibi anlamlı bir şey filizlenivermiş belli değil, ben kafamın içinde nihayet ayrılığı tartarken, şimdi terazimde yeni bir ağırlık, bütün dengem alt üst olmuş, hesaplarım bozulmuş, alınması gereken kararlara bir yenisi eklenmişti.

Babasının haberi yoktu yavrusundan. İçimden gelmemişti henüz Burak'a anlatmak. Ona bir şeyin sonunda değil de başında olduğumuzu söylemenin kolay olmadığı gibi anlamlı da olmadığı bir durağındaydık ilişkimizin.

Evleri ayırmıştık geçen hafta. Bilmem kaçıncı "Olmuyor" konuşmasından sonra hışımla bavullar düzülmüş, birkaç karton koli el çabukluğuyla istiflenmiş, Burak başka bir ev düzeni kurana dek ofisinde kalmak üzere gitmişti. Bu nihai kopuşun ardından "Ben hamileyim," demek müjde miydi, felaket haberi miydi; lafa nasıl gireceğimi bile bilmiyordum.

Babamın da haberi yoktu. Birisine söylemeden evvel olanlara uzaktan bakmaya ihtiyacım vardı. Bana bu aniden olan şeyi anlamam, buradan ne yöne gideceğim konusunda kendimle uzlaşmak için yerimi değiştirmem, yol yapmam lazımdı. Doktordan çıkıp, apar topar bilet alıp buraya gelmiştim. Burası uzaklaşmak, bir cevap, bir çıkış yolu bulmak için aklıma gelen ilk yerdi. Görünen o ki, yanılmıştım.

Mandalina ağaçlarının üzerine dikilen Mandalina Apart'ın eteklerinde, yeni sahiplerinin eskisi gibi ev bilip üzerine titremediği bir pansiyonun kuru odasında serinletmeyen bir vantilatörle baş başa, tavana bakıyordum şimdi. Bir vantilatörden serinletmesini bekliyordu insan. Büyük şehirden uzağa altı saatlik bir otobüs yolculuğu, sırtındaki ağırlığı indireceğin bir yere getirmeliydi seni. Bir sevgili giderken geride filizlenen bir şey bırakmamalıydı. Aksine bir aşk biterken her şeyi ayağından yakalayıp çekmeliydi boğulduğu karanlık sulara. Bütün köprüleri yakıp yıkmalıydı giden. Olasılıksız, umutsuz, yarınsız, ufuksuz bir yerde son bulmalıydı. Gidiyorum. Hoşça kal. Nokta. Böyle olmalıydı ayrılık. Bu neydi ki şimdi? Oyunbozanlıktan başka neydi?

Elimi karnımın üzerine koydum. Gözlerimi kapadım. Kalbimi yokladım. Ne vardı orada sahiden? Nasıl karşılamıştım bu davetsiz misafiri? Sevinç? Panik? Çaresizlik? Telaş? Kaygı? İçimde kabarıp duran duygular kokteyline bir isim vermek için fazla tazeydi her şey.

Korkuyordum. Orası kesin. Ama havai fişekli bir korkuydu bu. Bedenimde olası bir çocuk taşıdığımı düşündükçe elim ayağım birbirine dolanıyor, bir kaygı seline kapılmış suyun üzerinde kalmaya çalışırken, pat diye bir ışık yanıyor, panik duygusu yerini tarif edemediğim bir neşeye bırakıyor, kendimi birden gülümserken buluyordum. O an onun tülsü varlığından vazgeçmenin imkânsız olduğu bir yere doğru adım adım yaklaşıyormuşum gibi geliyordu. Lakin bu beklenmedik neşe anı kısa sürüyor, içimden derhal duygularına esir düşmeyi reddeden mantıklı, çatık kaşlı, beton suratlı biri çıkıyor, beni hayalci olmakla suçluyordu. "Bir çocuğa tek başına tutunmak fikri saçmalık," diyordu, "delirdin mi sen?" diyordu, "Romantik olmak için yanlış zaman," diyordu. Akıl dışıydı bu ihtimal ona göre. Macera aramaktı safi. Ona inanınca, ki ekseriyetle ona inanıyordum, gülümsememem uçup gidiyordu.

Gözlerimi yeniden açtığımda oda kapkaranlıktı. Ortalık nispeten serinlemişti. Dışarıyı dinledim. Motelin terasından gelen çatal bıçak sesleri günün geri kalanını da uyuduğumun haberini verdi. Çok açtım. Acilen çıkıp yiyecek bir şeyler bulmalıydım. Telefonuma uzandım. İki cevapsız çağrı vardı. Babam. Ben açmayınca sesli mesaj göndermiş.

Yavrimu, neredesin? Dün dükkâna uğradım. İnikti kepenkler. İyisin di mi? İmroz'dan şarap getirdim. Akşam gel, birlikte açalım. Özledim.

Babamı aradım. Bir kere çaldı, kadife sesi telefonun ucunda yumuşacık belirdi.

"Elif."

"Babacım."

"Merak ettim evlat seni."

"İyiyim. İyiyim. Hayıtdibi'ne geldim."

"Aaa. Hiç haber vermedin. Burak yanında mı?"

"Yok. Yalnız geldim. Çok yoruldum bu ara, baba. Azıcık nefes alayım istedim."

"İyi yapmışsın. Ama devretti Ömer oradaki yeri. Söylemedim mi ben sana? İtalya'ya yerleşti."

"Evet, kapatmış. Gelince öğrendim ben de."

"Nasıl yeni yer?"

"Leş."

"Aaa. Üzücü olmuş."

"Bir gece kalıp döneceğim zaten..."

"Pekâlâ. Eminsin değil mi iyi olduğuna?"

"Merak etme. Her şey yolunda."

"Gelince ara olur mu? Direkt bana gel hatta. Şarabı açmayacağım sen gelene dek."

"Seni seviyorum, baba."

"Ben de seni, yavrimu."

Üst baş değişmeden kalktığım gibi odadan dışarı fırladım. Motelin beyaz kale duvarını takip ederek pansiyonu sahile bağlayan yola çıktım.

Ortalık ana baba günüydü. Güneşte belli ki fazlaca kalmış her yaştan insan sokakları doldurmuş, kimi bir masa kapabilmek için mekânların kapılarında bekleşiyor, kimi çoktan bir masaya çöreklenmenin heyecanını taşıyor, hanımlar, beyler ve dahi çocuklar, hepsinin üzerinde beni anında paçoz ilan eden bir tatilci şıklığı, sahil karınca sürüsü tarafından istila edilmiş bir reçel kavanozuna benziyordu.

Birbirinin tıpkısı bir dizi balık restoranının önünden geçtim. Uzundur hayvan yemiyordum. Buzların üzerinde pişirilmek üzere bekleşen ölü balıklarla göz göze gelmek hoşuma gitmedi. Yan gözle meze dolaplarına baktım. Canım hiçbir şey çekmedi. Bir kâse mercimek çorbasının hayalini kurdum. O kadar. Ama bir çorba için masa işgal etsem herhalde beni kovalarlardı.

Yolun sonuna doğru bakına bakına yürümeye devam ettim. Bir çubuk krakere razı olacağım raddeye gelmiştim. Restoranlar bitince bu defa incik boncuk tezgâhları başladı. Artık başım dönüyordu. Midem fenaydı. Suyun kenarında boş bir bankı gözüme kestirdim. Koşar adım yanaşıp neredeyse bir çuval gibi kendimi banka zor attım.

Deniz karanlık, çırpıntılıydı. Uzak birkaç tekneden müzik ve kahkaha sesleri geliyordu. Oturmak iyi gelmişti, en azından yere yuvarlanmamak konusunda kendimi garantiye almıştım ama buradan nasıl kalkıp da ağzıma atacak bir şeyler bulacaktım orasını henüz bilmiyordum. Bir süre öylece oturdum, biçare gözlerimi kapadım. Dalgaların usulcacık vurduğu çakılların şıkırtısına karışan akşam yemeği patırtıları eski bir yazı getirdi aklıma. O zamanki tatillerimiz üç kişilik. Avşa'dayız. Babam menemen yapıyor kaldığımız pansiyonun mutfağında. Biberler tavada cızırdıyor. Birazdan domatesleri atacak. Kavunu önceden kesmiş, dolaba koymuş. Kavunların kabukları hâlâ lavabonun içinde duruyor. Birasını da açmış, bir yandan ıslıkla bir melodi çalıyor. Güneş batmış çoktan. Balkonlardan, teraslardan akşam yemeği hazırlıkları taşıyor sokağa. Kızaran patlıcanlar, porselen tabaklarda çatal sesleri, bardak şıngırtısı. Anne baba şakalaşmaları. Çocuk gülüşmeleri. Dünyanın en güzel yaz akşamı. Annem duştan çıkmış, üzerinde mavi batik bir elbise, ayakları çıplak. Sarı saçlarının ucundan sular damlıyor. Çilleri çıkmış iyice, yanakları, burnu pembe. Yanımızdan geçip tuzlu havluları, ıslak mayoları balkona asıyor. Üzerimizde bütün gün yüzmüş insan yorgunluğu var. Yorgun ama yaprak gibi hafifiz. Babam dönüp anneme bakıyor. Annemin sırtı dönük bize, görmüyor. Babam gülümsüyor. Bana bakıyor sonra. Göz kırpıyor. Acıktın mı? Çok! Hazır ol, dünyanın en müthiş menemeni geliyor.

Bir el dokundu omzuma. Sıçradım.

"Korkmayın! Sizi uzaktan gördüm de. Meraklandım. İyi misiniz?"

Döndüm. Kısacık gri saçlarıyla biblo gibi bir kadın.

"Kusura bakmayın. Bir an dalmışım."

"Bir ihtiyacınız var mı?"

"Su isteyebilir miyim sizden?"

"Tabii."

Minicik ayaklarıyla koştu bir bardak su getirdi. Bir yudum alınca biraz kendime geldim.

"Ben Yasemin," dedi.

"Elif ben de."

Elimi sıktı. Kuş eli, elimin içinde küçük kanatlar çırptı. Gülümsedi.

"Yanlış anlamazsanız bir teklifte bulunacağım."

Başımı salladım. Sevinçle devam etti.

"Benim hemen şurada bir tezgâhım var. Kendi yaptığım broşları satıyorum. Evden çıkmak için bir bahane işte. Kızımla duruyoruz akşamları başında. Bu civarda basit, kolay bir yemek bulmak zor oluyor; yemeğimizi yanımızda getiriyoruz. Birazdan yiyecektik. Siz de gelip bize katılır mısınız? Mercimek çorbası, çoban salatası, çavdar ekmeği. Çok abartılacak bir şey değil ama... Bolca var her şeyden." Döndü, tezgâhın arkasındaki kızına seslendi, "Buradayım," el salladı. Dokuz-on yaşlarında dünya güzeli bir çocuk, kalabalığın içinde annesini yeniden görmenin sevinciyle gülümsedi, heyecanla el salladı o da.

"Normalde böyle bir şey için sizi rahatsız etmek istemem ama sahiden bir şeyler yemem gerekiyor. Bir sandalyecik olsun bulamadım oturup da bir şeyler atıştıracak. Kötü oldum. Ne olmuş buralara böyle..."

"Sormayın. İki kış evvel burada bir dizi çektiler. O zaman olanlar oldu. Televizyon her şeyi değiştiriyor. Millet aktı resmen."

"Esnaf mutlu görünüyor."

"Her yer inşaat."

"Yazık."

Benden önce varıp tezgâhın altından bir katlanır sandalye daha çıkardı. Tezgâhın arkasına geçtim peşinden. Oturduk.

"Elif Hanım da bizimle yemek yiyecek, İpek. Arkandan şu çantamızı uzatıver de kuralım masamızı."

Yavru bir ceylan duruyordu sanki karşımda. Mizacını annesinden almış olmalı. Yumuşacık, sevecen, içten. İpekten bir kız çocuğu.

Anne-kız bir olup bir elma kasasının üzerine kuruverdiler seyyar sofrayı. Sarı papatyalı kumaş bir örtü serdi İpek önce. Üzerine kiremit rengi seramik kâseleri getirip koydu. Takım tuzluk-biberlik, küçük bir kavanozun içinde dilimlenmiş limon, arkasından ekmek sepeti. Hepsi sırayla yan yana dizildi minicik masaya. En son ortaya nefis bir çoban salatası geldi.

Şaşırdığımı görünce "Annem de böyleydi," dedi Yasemin, güldü, "bizde yemek geçiştirilemez. Illa ki kurulur o sofra. Severiz seremoniyi." İpek, en son kuş desenli peçeteleri tabakların kenarına iliştirirken kıkırdadı. Burnunun ucu buruştu gülerken, bir gamze belirip kayboldu yanağında.

"Sahiden Hızır gibi yetiştiniz. Açlıktan bayılabiliyormuş meğer insan. Lafta değilmiş sırf."

"Yalnız mı geldiniz buralara?" dedi çorbayı bölüştürürken.

Bir an durdum, tam bilemedim ne olduğumu, "Evet, evet, yalnız geldim."

"Nerede kalıyorsunuz?"

"Mandalina Apart'ın arkasındaki taş evde. Orası da el değiştirmiş. Büyük hayal kırıklığı oldu."

"Aaa, Ömer kaçtı buradan. 'İnsanlar geliyor' dedi, gitti, aynen böyle dedi," nefis bir kahkaha attı, "başka bir gizli yer buldu bence kendine. Kimseye söylemiyor."

"Hakkı var. Ben de birkaç gün nefes alırım dedim ama galiba mümkün olmayacak. Bugün denize girmek bile gelmedi içimden."

"Gabayemiş Koyu'nu biliyor musunuz? Şu tepenin arkasından hemen."

"Kaplumbağa kayasının öbür yanı," diye araya girdi İpek, "bir toprak yol götürüyor şuradan. Biz oradan giriyoruz denize."

"Yol biraz dikenli, uzun paçalı bir şeyler giymenizi tavsiye ederim. Ama bomboş olur orası. Kimsenin gitmediği bir kafe var sadece."

"Önce bu nefis çorba, sonra kimsenin bilmediği gizli bir koy. Bugün bütün sorularımın cevapları sizde herhalde..."

"Sevdim sizi. Herkese öğretmem Gabayemiş'in yolunu," dedi, güldük.

"Siz buralı mısınız?"

"Değiliz. Sonradan gelenlerdeniz. Kaçanlardan mı demeliyim? Eşim uzun yol kaptanıydı. Çıktığı bir seferden dönmedi. O zaman bütün hayatım değişti. Bu sene on yıl oluyor," İpek'e baktı, elini uzatıp altın örgülerine dokundu, "İpek sonradan geldi bana," dedi.

Aralarındaki yaş farkından o zaman emin oldum. Ben sormaya utanınca önce İpek'i çay almaya yolladı, sonra anlatmayı sürdürdü. Yıllarca çocuk istemiş, olmamış. Kocası seferdeymiş hep. Pek de gönlü yokmuş babalık yapmaya. Yalnız, ayrı gayrı bir evlilikmiş onlarınki. Kocası, gemisi ve mürettebatıyla Hint Okyanusu'nda kaybolduktan sonra emekliliğini istemiş, resim öğretmeniymiş lisede, sonra gerekli kurumlara başvurmuş evlat edinmek için. Birkaç yıl beklemiş. Bir sonbahar günü İpek'i vermişler kucağına. İki yaşındaymış o zaman. "Yirmi bir aylıktı," diye düzeltti. O zaman karar vermiş buraya göçmeye, sekiz yıldır buradalarmış anne kız. "Hayatımın en güzel sekiz yılını geçirdim burada," dedi, gözleri doldu, "İpek benim hediyem. Dünyada cennet varmış. İpek'miş o," dedi.

"İpek biliyor mu?" diye sordum durduramadığım bir gazeteci sorusuyla.

"Biliyor, anlattım. Değişik bir çocuk İpek. Beklemediğim bir sakinlikle karşıladı yaşam hikâyesini. 'Şimdi sen varsın, anne, ben varım,' dedi, 'ikimiz varız işte,' dedi. Hiç unutmayacağım bir andı, geldi, yanımda uyudu o gece, sabaha kadar bir kere bile bırakmadı elimi. Az kalsın ıskalayacaktım anneliği, az kalsın pes edecektim. İyi ki arayıp bulmuşum onu, iyi ki beklemişim sabırla, iyi ki kimsenin değil İpek'in annesi olmuşum. Bazen dünyaya sadece onun annesi olmak için gelmişim gibi geliyor. İnsanın bütün ömrünü böyle özetlemesi biliyorum en çok kendine, yaptığı diğer her şeye, hayatı paylaştığı, sevdiği diğer herkese haksızlık ama İpek'in annesi olmak benim hayatım boyunca beklediğim, hayalini kurduğum tek şeydi, gerçek oldu."

"Ne kadar şanslısınız."

"Çok..." dedi, sustu sonra.

Tuhaf, puslu birkaç gün geçirmiştim; hayalet gibi gezinmiştim boşlukta ama şimdi canlanmıştım sanki, ruhumla bedenim yeniden buluşmuş gibi bir şey olmuştu. İksir gibi gelmişti Yasemin'in çorbası, sohbeti. İpek ne tılsımlı bir çocuktu sahiden. Yasemin ne kadar ayrıcalıklı bir kadındı. Kıskandım onları. Birbirlerini sevme biçimlerini kıskandım. Kendilerine kurdukları yuvayı kıskandım.

Hayatın bozmayı unuttuğu ya da ne yapsa bozamadığı insanlar vardı hâlâ. Dünya arkalarında yıkılırken onlar kurbağalar gibi nilüfer yapraklarından seke seke sakince uzaklaşıyorlardı enkazdan, toz duman bulaşmıyordu onlara. Bir tezgâhın arkasına saklanıyorlardı mesela. Orada ormandan topladıkları kabuklar, tohumlar, otlar, yapraklarla müthiş broşlar yapıp üç paraya satıyorlardı. Elma kasasının üzerine kumaş örtüler seriyorlardı yemeklerini yemeden önce. Kalabalığın içinde, kalabalığa rağmen görüyorlardı sizi, yanınızdan geçip duran kör sağır güruha tezat, sizi görüyor, bir derdiniz var, hemen biliyorlardı. Beklenmedik iyilikleriyle insanın aklına "Karşılığında kesin bir şey isteyecekler" kuşkusunu düşürmüyorlardı. Olağan halleri buydu. Yaşıyorlardı bu hayatı. Yollarına çıkanı katıyorlardı yanlarına. Su gibi akıyorlardı tümseklerin arasından, çukurların içinden, yokuşlardan aşağı. Görür görmez anlıyordun, senin inceliklerinin karşılığı var onlarda, yerlere saçılmıyordu onlara sunduğun tatlılıklar, ziyan olmuyor, ıskalanmıyordu, ki senin hiç alışık olduğun bir şey değildi bu. Ama işte o kısa çarpışmalarda bir şey oluyordu, dünya içinde dünyalar beliriyor, iki kişilik, üç kişilik adacıklar oluşuyordu anında ve sen birden, yeniden nefes almaya başlıyordun.

Görülmek ve duyulmak iyi gelmişti bana. Kalışımı uzatıp gündüzleri o gizli koyda yüzerim, akşam gelir tezgâhta broş satarım diye çocukça bir hayale bile kapılmıştım Yasemin'i dinlerken.

İpek bir tepside üç çayla geldi az sonra. Yasemin bir yudum alıp, uzun sessizliğini bozdu, "Sizin çocuğunuz var mı?" diye sordu.

Afalladım. Derimin altında benimkinden başka bir kalp atıyordu, bir çocuğum var mı demek oluyordu bu? Bu, beni anne mi yapıyordu? Bunu ilk kez düşünüyordum. Yoksa doğurunca mı anne olacaktım? Şimdi neydim? İçimde atan ikinci kalp benim neyimdi? Şimdi anneysem haftaya onu bir klinikte bırakırsam artık olmayacak mıydım? Nasıl olacaktı her şey? Nereye bağlayacaktım bu ipin ucunu? Bu büyük düşünceler karşısında elim ayağım dolandı. İçim bulandı. "Yok," dedim sessizce. Çayı hızlıca içip gitmek üzere hareketlendim.

"Yemek için teşekkür ederim. Ben yavaş yavaş yürüyeyim. Biraz serinledi de ortalık. Güzel oldu. İyice kendime gelirim."

"Nasıl isterseniz. Ama iyisiniz, değil mi? İyice dinlenmeden kalkmayın ne olur."

"Çorba imdadıma yetişti. Sağ olun sahiden."

"Gitmeden kasabanın bir sakini olarak sizinle gizli bir sırrımı daha paylaşacağım. Gül Abla'nın dondurma dükkânı var, heykelden sola dönünce karşınıza çıkmaz bir sokak çıkacak, onun sonunda fındık kadar bir dükkân. Daha yeni yerleşti buraya, dükkânı da yeni açtı. Dondurmaları şahane. Kendisi yapıyor. Pansiyona dönerken kendinize bir iyilik yapın, yolu uzatın, bu gece oradan bir dondurma yemeden uyumayın."

Güldüm. "Sizi tanımak son birkaç aydır başıma gelen galiba tek güzel şey."

"Ben uğurlu gelirim insanlara... Hep söylerler. Siz gözünüzü açık tutun, bu gece belki başka tatlılıklar da peyda oluverir," dedi, giderayak tezgâhtaki broşlardan birini yakama iliştirdi. Mavi küçücük bir yumurta, kenarında kırmızı renkte tül gibi bir kuş tüyü. "Kızılgerdan yumurtasıdır bu, yuvasında bulduk İpek'le, kırılıp açılmıştı, yavru uçup gitmiş, kabuğu kalmış. Tüy de yuvadaydı, yanındaydı kabuğun, annesinden düşmüş herhalde. Bu sizin, benden hediye."

"Sizi hak etmek ne yaptım acaba?"

"Altı saat yol geldiniz. Az değil."

Yanlarından ayrılıp kalabalığa karıştım. Dayanamadım, onları yeniden görmek istedim, az ötede dönüp gizlice anneyle kızına baktım bir an. Tezgâhın arkasında yan yana oturmuşlar, yanlarında benim sandalyem boş duruyor, katlayıp kaldırmamışlar, sanki birazdan gidip yeniden oturacağım yanlarına, Yasemin heyecanla bir şey anlatıyor, İpek pür dikkat onu dinliyordu, bir şeye çok gülüp sarıldılar sonra, Yasemin, İpek'in saçlarından öptü, İpek beni gördü annesinin omzunun üzerinden, aramızdan insanlar geçip giderken yüzüme baktı uzun uzun, annesininkine benzeyen kuş elini belli belirsiz kaldırıp salladı. Başımla karşılık verdim, seri adımlarla heykeli dönüp dedikleri dondurmacının sokağına saptım.

Bu armağanlarla dolu akşamı Gül Hanım'ın dondurmasıyla nihayete erdirmezsem ayıp olacaktı. Keyiflendim birden. Sahilin kalabalığı bile tahammül edilebilir geldi gözüme bir an. Belki elimde dondurmamla salına salına yürüyeceğim pansiyon odası da o kadar sevimsiz görünmeyecekti gözüme, böylece babamla uyuduklarımıza benzeyen huzurlu bir uykuyla bitirebilecektim bugünü.

Dükkânın kapısına vardığımda sırada bekleyen iki kişi vardı. Kuyruğun ucuna iliştim. Sıra bana gelince içeri girdim. Sahiden de minicik bir dükkândı burası. Ama nefis düzenlenmişti. Çocuk kitaplarındaki orman yuvalarına benziyordu. Bir ağaç kovuğu ya da bir yeraltı oyuğu olabilirdi pekâlâ. Birazdan kapıdan sanki hop hop tavşanlar, sincaplar girecek, şu köşede porselen fincanlardan çaylarını yudumlayacak, minicik üzümlü kekler yiyeceklerdi.

Gül Hanım beni yürekten, sahici bir gülümsemeyle karşıladı; üstünde onu bir çocuk kitabı kahramanı ilan eden yeşil üzerine hardal benekli bir önlük, başında aynı kumaştan kenarları fırfırlı lastikli bonesiyle asla üşenmeden, müthiş bir hikâyeci maharetiyle dolaptaki doldurmaları tek tek tanıttı. Çıngıraklı sesiyle uzun uzun her birini neden, nasıl yaptığını, hangisinin hangisinin yanına daha çok yakıştığını ve hatta kendisinin en sevdiği karışımı anlattı.

Kasaya vardığımda elimde dev bir külah dondurma taşıyordum. Para çıkarmak için elimi cebime attım, bir an evvel sokağa çıkıp dondurmamla yalnız kalmak istiyordum, ancak cüzdanımı yanıma almadığımı fark ettim. Elimde dondurma, dükkânın ortasında öylece donakaldım. Geri versen olmaz, ne diyeceğimi, bu durumu nasıl telafi edeceğimi kafamda tartarken, başımı çevirip kasadaki kişiyle ilk kez göz göze geldim.

Karşımda Evren duruyordu. Yüz yıl kadar önce evinden kaçarak çıktığım, kalbimde birkaç güne geçecek bir üzüntü ve o akşamı Burak'ın yanında geçireceğim için hain bir sevinç yan yana, kapıyı sessizce çekip, asansörü beklemeden altı kat merdiveni koşarak indiğim, hayatından sinsice çıktığım Evren.

Beni o halde görünce güldü.

"Yanına para almayı unuttun."

Bir şey diyemedim. Ne denir?

"Sen hiç yapmazsın böyle şeyler... Şaşırttın beni. Bu seferki benden olsun..." Sonra Gül Hanım'a seslendi, "Anne, ben kapının önüne çıkıyorum ıkı dakika."

"Tamam, yavrucum. Sakin ortalık zaten. İstediğin kadar..."

Ben önde, Evren arkamda, kapının önüne çıktık, "Şuraya oturalım mı?" diye kaldırım taşını gösterdi.

"Olur, tabii."

"Saçlarını kestirmişsin," bir an yüzümü seyretti, sonra yaptığından huzursuz oldu, bir sigara yaktı, bana da uzattı, istemedim. "Bıraktın mı? Sen? İnanmam..."

Hayır, bırakmamıştım. Doktordan çıktığımdan beri elim pakete gitmiyordu sadece.

"Azaltmaya çalışıyorum," dedim.

"Of. Ne iyi yapıyorsun. Ben iyice artırdım. Ayı gibi içiyorum," bir nefes daha çekti, "eee, anlatsana, ne yapıyorsun buralarda?"

"Bir-iki gün işten kaçtım. Çok kafam şişti."

"Burak?"

Duraksadım. Her şeyi dan dan anlatasım geldi. Vazgeçtim.

"İşten izin alamadı." Daha yalan söyleyesim yoktu ona, ivedilikle konuyu değiştirdim. "Asıl sen ne yapıyorsun burada?"

"Kafam şişti benim de. Ücretsiz izne çıktım bir ay kadar. Anneme geldim."

"Annen, Gül Hanım?"

"Evet. Dondurmacı Gül Hanım."

"Annenle tanışmamışım, ne tuhaf."

"Fırsat olmamıştır."

Aradan yüz yıl geçmişti ama son görüşmemizde iyi şeyler olmamıştı. Şimdi böyle sıradan bir sohbeti yürütebiliyor olduğumuzu görünce baştaki telaşım azalmıştı. Yine de lafı çok uzatmadan pansiyona dönmek istiyordum. Sularım çok dalgalanmıştı bu akşam. Sabaha bir bilet alsaydım hatta, bu kadar uzaklaşmak bana yeter de artardı bile.

Bir kedi geldi yanımıza. Bizi aramızda tel gibi gerilen sessizlikten kurtararak bir kedi imdadımıza yetişti demeliyim aslında. Evren elini uzatınca hemen sırnaştı, hop kucağına atladı.

"Pakize. Bizim dükkânın kedisi ilan etti kendisini. Önce mama kabı, sonra yatak, yavaş yavaş yaptırdı yerini anneme. Sinsi sinsi girdi hayatımıza. Geldi baş köşeye kuruldu. Bir baktık kedimiz var. Sevdik ama çok."

"Kediler böyle. Davet beklemiyorlar sevilmek için. Israrla talep ediyorlar."

"İstemezse sevdirmiyorlar ama. Daha iyi bir yer bulunca da gidiveriyorlar."

"Kedi işte."

"Pek tatlı ama zibidi. İnsan kızamıyor hiç. Bir de yavru getiriyor buraya, biliyor musun?"

"Nasıl?"

"Belediye kısırlaştırmış bu civardaki dişileri. Pakize de nasibini almış bu kampanyadan. Ama arada belediyeden kaçan kediler var, onlar hâlâ pıtır pıtır yavruluyor. Bizimki de o yavruları annelerinden çalıp yuvasına, bize getiriyor. Annelik yapıyor onlara, yalıyor, temizliyor, yanında yatırıyor, hatta emziriyor."

"Daha neler! E sütü yok."

"İnanır mısın boş memelerini emiyor yavrular. Annem 'Önemli olan niyet,' diyor ama biz tabii yavrulara da bakıyoruz. Şırıngalarla besleyerek az kedi büyütmedi annem dükkânda."

Elimi uzattım. Mırlayarak sevdirdi kendini kedi Pakize. Siyah beyaz bir kirloş.

"Kimi kedi de reddediyor ya yavrusunu, bakmıyor. Yavrular kalıyor öyle ortada..."

"Oluyor öyle şeyler doğada. Vardır bir bildikleri. Yaşamak isteyene bir şekilde sahip çıkıyor hayat."

"Neyse ki Pakize gibiler var da..."

"Baban nasıl?"

"İyi gayet. Şarap işlerine bulaştı."

"Aaa satıyor mu?"

"Hayır, tadıyor."

"Çok mantıklı! Evlenmedi değil mi?"

"Hayır. Hayatında kimse yok hâlâ. İstemiyor. Çok denedim, ne hanımefendilerle tanıştırdım, gerek yokmuş, öyle diyor."

"Sevmiş demek ki. Bir kere sevince yetmiş."

“Bazı şeyler insanın peşini bırakmıyor galiba.”

“Olabilir... Dondurman eriyor.”

“Efendim?”

“Dondurman... Eriyor...”

Elimdeki dondurma erimiş, parmaklarımdan aşağı doğru akıyor, şortuma damlıyordu. Cebinden bir peçete çıkarıp uzattı.

“Hava sıcak. Neyse... Ben gideyim artık...”

“Sen bilirsin.”

Ben ayağa kalkınca o da ayaklandı.

“Çok özür dilerim,” dedim.

“Ne için, paran yok diye mi, genel mi?”

Güldüm. Yanından uzaklaşmak üzere arkamı döndüm.

“Bir kahve içelim mi?” diye sordu.

“Şimdi mi?”

“Şimdi.”

“Olur,” dedim hiç düşünmeden, “Peki bu dondurmayı ne yapacağım?”

“Annem görmeden şu çöpe atıver. Ben sana alırım yine.”

Sahile geri yürüdük birlikte. Başta pek konuşmadık. Birkaç kere konu açmaya çalıştım ama o kadar başıboş, o kadar biçimsiz bir karşılaşmaydı ki bu, havanın sıcaklığı, sokakların kalabalıklığı, hayatın pahalılığı, büyük şehrin boktanlığı dışında konu başlığı yaratamadım.

Evren de benden farksız değildi. Bana gücenik değildi artık, bunu görebiliyordum, geçen dört yılda hayatlar yerinde durmamış elbette geçmişti bir şeyler, bir şeyler iyileşmişti ama beni görmeye hazır olmadığını, bu karşılaşmanın dengesini bozduğunu anlıyordum; sigara üstüne sigara yakıyor, konu bize gelmesin diye bin dereden su getiriyordu.

En son önünden geçtiğimiz bir kahvehanenin televizyonunu görünce yavaşladı, ekranda bir maç oynanıyordu, bana dönüp “Biliyor musun, Şekerspor kapandı,” dedi, “önce üçüncü ligden amatör kümeye düştü, sonra osuruktan tayyare bir iş adamı satın aldı, takımın adını, amblemini, rengini bile değiştirdi."

Koyu Şekersporlu'ydu. Ankaralı'ydı.

"Artık yok mu Şekerspor yani..."

"Yok. Sekiz şeker pancarının bir araya geldiği amblemiyle her zaman gönüllerin takımı kalacak, o ayrı."

"Olmayan bir takımın taraftarı olmak kolay olmasa gerek."

"Bazı şeyler insanın peşini bırakmıyor."

Sahilin sonundaki belediye çay bahçesine kadar yürüdük. Beyaz floresan lambayla aydınlatılmış plastik bir masaya oturduk. Evren "Orta içiyorsun değil mi?" diye sordu, başımla onayladım. Kalkıp sipariş vermeye gitti.

Yan masamızda dört emekli okey oynuyordu. Biteviye şakalaşıyor, kocaman gülüyor, gülünce eksik dişleri görünüyor, birlikte çok eğleniyorlardı. Televizyonda bir müzik kanalı açıktı. Televizyon seyretmeyeli çok olmuştu. Türk popuna artık birtakım değişik kadınlar ve erkekler hükmediyordu anlaşılan. Kahveler gelene kadar ekrana hiç normal biri çıkmadı.

Yaşlı garson nihayet elindeki tepsiyi meslekteki uzun yıllarını ispat edercesine sallaya sallaya geldi, "Çifte kumrulara bol köpüklü iki kahve. Biri orta, biri şekerli. Allah ayırmasın," diyerek kahveleri bıraktı, bıyık altından gülüp, geldiği gibi, boş tepsiyi bu defa daha bir cesur sallaya sallaya gitti.

"Bahşiş bırakmayız bu abiye değil mi?"

"Bırakmayız."

Gülüştük. Birlikte gülünce biraz azaldı aramızdaki gerilim. Yüzüne daha uzun bakabildim o zaman, korkmadım bundan. Sakal bırakmıştı, favorilerinde beyaz teller göze çarpıyordu, kilo vermişti epey. Yaşlanmış mıydı? Hayır, yüzünde olan şey yaşlanma değildi, belki bir şeyleri anlamış olmak, böyle açıklayabilirdim onda gördüğüm değişimi.

Birden konuşacak yeni bir şey bulmanın heyecanıyla lafa girdi.

"Romanı bitirdim."

"Şaka yapıyorsun!"

"Yazdım ama daha bir yayınevine göndermedim. Amaç basılması değil, yazılmasıydı zaten."

Evren'i bildim bileli bir roman yazıyordu. Artık hiçbirimiz inanmıyorduk yazdığına. "Hayal kuruyor," diyorduk.

"Vay canına. E nasıl oldu, oturamıyordun başına?"

"Babaannem, 'Ağaç çiçeklenince suyunu kes ki meyveye dönsün,' derdi. Bana da herhalde öyle bir şeyler oldu, oturdum yazdım," dedi.

"Bilge kadınmış."

"Öyleydi."

Kısa bir sessizliğin ardından "Sen nasılsın? Ne yapıyorsun?" diye sordu.

"Normalim. Fotoğrafçı dükkânı açtım. Çiçekçi'de. İki yıldır esnaflık yapıyorum. Sabah kalk, kepenk aç, akşam kepenk kapa, eve git."

"Bildiğin fotoğrafçı dükkânı?"

"Evet. Vesikalık fotoğraf çekiyorum. Biometrik falan."

Bir şey diyemedi. Beni gücendirecek bir şey demekten korktu.

"Mutluyum ama. Dükkâncılık tam bana göreymiş. Ben yapamazmışım öyle büro işleri... Müdürler, toplantılar, iş arkadaşları, yalandan samimiyet, dedikodunun Allahı... Hayal bile edemiyorum kendimi oralarda, boşuna okumuşum o kadar yıl... Sen çekiyor musun hâlâ fotoğraf?"

"Ben vesikalık bile çekmiyorum."

"Her şeyin fotoğrafı çekildi zaten. Boş ver."

Uzun bir sessizlik daha... Geçen zamanda komşu masanın birkaç okey sevincine şahit olduk. Boşboğaz abi geldi boş fincanları aldı. Televizyonda çıkan klipler iyice zıvanadan çıktı.

"*Dön Bebeğim* falan vardı. Ne oldu öyle şarkılara?" diye sordu Evren, benimle aynı şeyi düşündüğünü belli ederek.

"Normal şeylerin sıkıcı bulunduğu bir devre denk geldik sanırım. Müthiş bir oburluk çağı. Yeni insanın nefsi doymuyor. Sıradanı tükettik. Mutluluk dediğimiz şey sadece anlık. Lunapark treni gibi hızla çıkıp hızla inilen bir yer mutluluk..." dedim niye bu kadar çok şey söylediğime ben de şaşırarak.

"Niyetim seni sorguya çekmek değil ama sanki bir şey var gibi. İyi misin?"

"Endişelenmen gereken bir şey yok."

"Bana yalan söylemezsin değil mi?"

"Bence söyleyebilirim. Ve bu ilk olmaz."

"Burak nasıl?"

"İyi," bir nefes aldım, "Sana yalan söyledim," deyiverdim.

"Ne zaman?"

"En son az önce. Burak işten izin alamadı dediğimde. Ayrıldık biz. Doğrusu bu. Geçen hafta taşındı evden. Aslında çok uzun zaman önce bitmişti de insanın kafasındakini hayata geçirmesi zaman alabiliyor, kafa hızlı, hayat yavaş, bilirsin işte."

"Hadi ya."

"Senin var mı sevgilin?"

"Var gibiydi. Şimdi yok gibi."

"En fenası."

"Ama iyiyim. Bu tür olayları biraz daha telaşsız karşılıyorum artık," göz kırptı, "Gidene 'Kal' demiyorum. Ya da gideceksem, 'Kal' diyene kulak asmıyorum. Mis gibi yaşlar. Önceden daha kanlı oluyordu bu işler, bu gidişler..."

"Doğrudur..."

Evren'i çok üzmüştüm. Evren'in canına okumuştum. Benimle burada oturup kahve içmesi, benimle konuşması olacak şey değildi. Ben onun yerinde olsam kasada dondurmayı geri alır, beni de dükkândan aynen yolcu ederdim, uğraşmazdım hiç, ne uğraşacağım? Benim ona yaptığımı kim kime yapsa aynını hak eder.

Bir fotoğraf kulübünde tanışmıştık Evren'le. O zamanlar bir aynalı makine sevdası var ortalıkta, elimizde Hayyam Pasajı'ndan ikinci elini alması meşhur fotoğraf makineleri, ceplerimizde makara makara yedek film, bir grup insan buluşup İstanbul'u dolaşıyoruz, daha önce milyon kere çekilmiş fotoğrafları çekiyoruz; ters ışıkta balık tutanlar, vapuru kovalayan martılar, Ayasofya'da günbatımı, yağmur birikintilerinden yansıyan bulutlar falan. Film çekiyoruz, gidip yıkatıyoruz, bastırıyoruz. Fotoğrafçılık uzun, meşakkatli iş o zamanlar. Çektiğin kareyi görmesi bir-iki gün sürüyor. Ama çok keyifli. Birlikte İstanbul'u geziyoruz. Sağda solda habire çay içiyoruz. Arabadan tavuklu pilav yiyoruz. Turşucuda turşu suyu içiyoruz. Midyeciden midye, simitçiden simit, kestaneciden kestane. Şehir karşımıza ne çıkarırsa artık, hiçbir maceraya hayır demiyoruz, sokak sokak, mahalle mahalle İstanbul'un altından girip üstünden çıkıyoruz, bir sürü fotoğraf biriktiriyoruz.

Bir gün Sirkeci Garı'nın arkasındaki çaycıda oturuyoruz. Hava ölçüsüzce soğuk. İstanbul poyrazı sokakta insan bırakmamaya kararlı. Kulüp toplantısı dağılmış. Ben Kadıköy vapurunun saatini bekliyorum. Birazdan kalkacağım. Evren o zamanlar Beşiktaş'ta oturuyor, o da beni yolcu etmek için oyalanıyor. Akşam iniyor son sürat. Sokaklar işten eve koşan insanlarla dolu. Eminönü'nün en sevdiğim saatleri. Kış, pis bir kış günü ama meydanın o saatlerdeki hengâmesi bana iyi geliyor. Tramvay çın çın durup kalkıyor, martılar balık ekmekçilerin denize döktükleri çöpün üzerinde çıldırmış vaziyette dönüyor, iskelenin önünde birikmiş seyyar satıcıların sesi birbirine karışıyor.

"Bir çay daha içer miyiz?" diyor Evren, saatime bakıyorum, "Olur," diyorum. Çaycı abi çayları getiriyor, Evren, abi uzaklaşır uzaklaşmaz pat diye "Ben sana âşık oldum," diyor. Hiç ama hiç beklemediğim, gelişini görmediğim bir şey bu, dilim tutuluyor, panikliyorum, Evren, "Dur, hemen cevap verme, yarın konuşuruz," diyor, hesabı istiyor.

Bir arkadaş gibi seviyorum Evren'i. Sevgililiği o saate kadar hiç aklıma getirmediğim bir sevme bu. Onunla vakit geçirmeyi seviyorum. Uzun uzun konuşmayı. Ona anlatıyorum. Her şeyi. Beni dinliyor. Beni anlıyor. "Neden olmasın?" diyorum kendime eve dönüş yolunda. Kadıköy vapuru iskeleden ayrılıyor, Evren beni yolcu edip kalabalığa karışıyor. Neden olmasın? "Olabilir" diyorum. Ben de Evren'i o gözle görebilirim. Zamanla görebilirim. Deneyebilirim bunu. İlla ilk görüşte mi olmak zorunda bu işler? "Hayır" demiyorum ona. "Olmaz" demiyorum. Bize bir şans tanıyorum, aslında kendime bir şans tanıyorum. Evren beni anlıyor, kararsızlığımı, belirsizliğimi gayet hissediyor, bana ısrar etmeden yumuşacık yaklaşıyor, mesafe ve zaman tanıyor. Hafif, sevecen, dostane, şefkatli, samimi bir aşkla sarıp sarmalanıyorum. Bir hafta sonra sevgili oluyoruz. O uzun kışı ve baharı birlikte geçiriyoruz. İyiyiz birlikte. Bana rağmen iyiyiz. İçim sessiz. Ruhum dingin. Tatlı tatlı salınıyor gemimiz sularda.

Sakin, patırtısız bir altı ayın ardından, doğum gününde Şekerspor'un Ankara'da bir maçına gidiyoruz. Haydarpaşa'dan trene biniyoruz. Hayatımda ilk kez bir maça gidiyorum. Şeker tribünü hiç hayal ettiğim gibi değil. Toplasan on kişiyiz koca stadyumda. Doksan dakika çekirdek çitleyip, sohbet ediyoruz, lafa dalıp bazı golleri kaçırsak da maçı alıyoruz.

Maç çıkışı Mülkiyeliler'de iki birayla Ankara'ya veda edip son trenle İstanbul'a dönüyoruz. Trende şarap içiyoruz. Ankara'yı konuşuyoruz. Ankara'yı ne kadar sevdiğimizi. Ankara'nın bir şehir değil, bir halet-i ruhiye olduğunu söylüyor

Evren. "Ankara çok değişti diyorlar ama değişmeyen, değişmeyecek, değişemeyecek şeyler var," diyor. Sonra, lafı biter bitmez yüzüme bakıyor, "Evlenelim mi?" diyor, "Evlenip Ankara'da bir aile kuralım mı?"

Trenin penceresinden karanlık bozkır geçiyor, bir kompartımanda ikimiziz sade, pencereden dışarı bakıyorum, camdaki yansımada bizi görüyorum. O an Evren'le evlenmek, onunla bir çocuğun annesi babası olmak iyi bir fikir gibi geliyor. "Tamam," diyorum. Yol boyunca hayal kuruyoruz. Yaz sonunda İstanbul'da bir düğünün hayalini kuruyoruz. Aşağı Ayrancı'da bir evin hayalini kuruyoruz. Bir kız çocuğunun hayalini kuruyoruz. Evren'in içince çok güzel söylediği bir şarkı var. *Nihâl-i gülşen-i hüsn-i ezelsin.* Onu mırıldanıyor. "İsmini Nihal koyalım mı?" diyor dönüp.

Birkaç ay sonra Evren aynı trenle bir iş görüşmesi için günübirlik Ankara'ya gidiyor, ben o gün İstanbul'da Burak'la tanışıyorum. Aniden bastıran yağmurdan kaçarken bulduğum ilk taksinin kapısını açıp oturuyorum. Burak da aynı taksinin öbür kapısını açıp oturuyor. Bir taksinin arka koltuğunda yan yanayız ilk kez, "Önce sizi bırakalım," diyor, "Olur," diyorum, inmiyorum. Taksici bir taşla iki kuş vurmuş, itiraz etmiyor. Trafik gıdım gıdım ilerleyince eve varmak gereğinden fazla sürüyor. Sessizlik mecbur bozuluyor. Yağmurdan kaçarken doluya tutuluyorum.

Bu kadar kolay olmamalıydı. Evren'le bir hayat kurma fikri kafamın içinde olgunlaştıktan hemen sonra, hayatın önüme attığı ilk kemikti bu. Bu, ilk kaçma ihtimaliydi. Evren'i ilk kandırma fırsatıydı. Bu kadar hazır olmamalıydım yoldan çıkmaya.

Bana tek bir şey söyledi Evren. Evden o uyurken sinsice kaçtığım, onunla yüzleşmekten korktuğum, ondan öylece, parmaklarımın ucunda sessizce evden çıkarak ayrıldığım gün.

"Sakın kimseyi seviyormuş gibi yapma, olur mu?"

O kadar. Böyle dedi, telefonda. Ha bir de şu: "Eşyalarını kapının önüne koymayacağım, merak etme. Bana bir adres ver kargolamam için."

Birkaç gün sonra özenle paketlenmiş kutudan diş fırçam dahil bütün eşyalarımla birlikte içine tatlı notlar yazıp ona hediye ettiğim iki şiir kitabı da çıktı. Çöpe attım kitapları. Hem ağladım hem attım. Başka ne yapılır?

"Seni kaldığın pansiyona bırakayım. Geç oldu."

"Çok iyi olur. Sağ ol..."

Pansiyona varasıya düşündüm. Burak'ı, Burak'la olmayan şeyleri. Olsun istediğim, çok uğraştığım, çok heveslendiğim, her şeyden, ekseriyetle kendimden feragat ettiğim bir ilişkinin nihayet son bulduğu bu tuhaf haftada dört yıllık bir perişanlığın becerebildiği tek şeyle, doğmaya büyüyen bir bebekle bir sahil kasabasında, kalbini hunharca kırdığım Evren'le yan yana yürüyordum şimdi. Birkaç mutsuz manevranın ardından dönüp dolaşıp aynı yere gelmiştim. Her şeyin başladığı yere.

Ne olmuştu Burak'la geçen dört yılda? Dev bir duygusal kambur edinmem dışında ne olmuştu? Lüzumsuz bir çırpınış. Kaçıp gitmiş umutlar. Ölmüş saatler. Onu sevmiştim, çok, bir insan bir başkasını bu dünyada böyle nadir severdi. Sana iyi gelmeyeni nasıl seversin? Sokakta mı buldun kendini? Bu, nasıl bir inattı böyle?

Evren'le tıkır tıkır işlerken her şey, beni raydan çıkartan ne olmuştu? Serüven arayışı? Aile kurma korkusu? Özgürlüğümü kaybetme kaygısı? Çünkü içine doğduğum aile arızalanmış, beni yarı yolda bırakmıştı. Çünkü henüz büyük hayallerim vardı. Çünkü önümde daha denenmemiş bir sürü ihtimal uzanıyordu. Çünkü toydum. Çünkü akılsızdım. Kalbim koş demiş, koşmuştum işte. Kalbimiz bizi her zaman doğru yöne götürmüyor. Burak beni kendimden uzak bir yere savurmuştu. Karanlık, nefessiz, hayal kırıklıklarıyla dolu bir yerdi orası. Şimdi bu, kutu içinde kutu açılan yaz gecesinde bir kara perde aralanmış, oradan içeri biraz ışık girmişti.

Pansiyona varınca "Sen gir odana, ben burada bekliyorum," dedi Evren. Mandalina Apart'ın beyaz duvarı boyunca yürüyüp odaya vardım, kapısını açtım, içeri girmeden arkamı dönüp ona baktım, sokak lambasının aydınlığında öylece duruyor, içeri girmemi bekliyordu, karanlıkta bir siluet, yüzü görünmüyordu.

"Evren," diye seslendim, "sana bir soru sorabilir miyim?"

"Bana her şeyi sorabilirsin."

"Bana neden kızgın değilsin?"

Bir adım attı, yaklaştı, ışık yüzüne vurdu o zaman, dudaklarında bildiğim ama unuttuğum bir gülümseme belirdi.

"Elif," dedi, adımı sesinden duymayalı ne çok olmuştu, "ben güzel şeyleri hatırlamayı seçtim."

"Neden ama?"

"Öyle geldi içimden."

"Bunca kırıp dökmeden yapabilseydim bazı şeyleri keşke."

"İyi geceler," dedi, arkasını dönüp lambanın aydınlığından çıkıp karanlık sokakta uzaklaştı. Öylece gitmesini istemedim. Dönsün istedim, bir daha baksın bana.

"Evren!" diye seslendim yeniden. Uzaklaşan adımlarının sesi kesildi.

"Ne yaptılar Şeker'in amblemini? Değiştirdiler dedin ya..." diye seslendim.

Karanlıkta kahkahasını işittim. Geri döndü. Köşeden başını uzattı. O eski gülümseme.

"Şaha kalkmış at!"

"Ancak ve ancak şaha kalkmış bir at özetleyebilirdi bu kepazeliği," dedim gülerek.

"Bu memleket bizi hiç şaşırtmıyor."

Odaya girer girmez üstümle başımla yatağa uzandım. Elimi karnımın üzerine koydum. Öylece uyuyakalmışım.

Sabaha karşı kapıda bir tıkırtıyla gözlerimi açtım. Oda hâlâ karanlıktı. Rüya mı, değil mi derken birisi yine kapıyı çaldı. Kalkıp açtım. Karşımda babam duruyor.

"Sen hâlâ uyuyor musun?"

"Baba!"

Üzerindeki neon pembe mayoya baktığımı fark etti.

"Evden mayo getirmeyi unutmuşum. Markette benim bedenimde bir tek bu renk vardı. İyi olmadı da değil hani, ormanda kaybolursam kolay bulursunuz," dedi. Ah benim canım babam. "Ayrıca ekmek, krem peynir, tatlı olarak da çilek reçeli, sen seversin," diye ekledi elindeki alışveriş torbasını göstererek, "Hadi, hadi, güneş doğmadan yakalayalım, giy mayonu, bekliyorum kapıda."

"Baba, saat kaç?"

"Beş," dedi sırıtarak.

"Gabayemiş Koyu'nu duydun mu hiç?"

"Elbette. Şevket Abi'nin yeri vardı orada yıllar evvel. Ölünce akrabaları sattı. Şimdi başkası işletiyor diye duydum."

"Oraya gidelim mi?"

"Gidelim, yavrimu."

"Belki orası özlediğimiz yerlere benziyordur hâlâ."

Yarım saat sonra Yasemin'le İpek'in tarif ettiği dikenli toprak yoldan üzerimizde sadece mayolarımızla Gabayemiş Koyu'na iniyorduk. Babam önde, ben arkada. Elini geriye uzatmış, el eleyiz. Toprak ayağımızın altında yumuşacık, kırmızı. Bacaklarımızı ısıran dikenlere aldırmıyoruz. Çalıların içinde bin bir çeşit hışırtı, kıpırtı, çıtırtı, vızıltı... Kuşlar, böcekler, taşlar... Uçanlar, koşanlar, sürünenler, sıçrayanlar ve dahi öylece durmayı seçenler. Doğa, yavaş yavaş yükselen güneşle birlikte başlıyor günlük serüvenine. Hep birlikte uyanıyoruz. Hep birlikte yaşayacağız gelen günü. Birimiz diğerimizden ne daha az ne daha çok var olacak. Her şey yan yana ve her nasılsa öyle.

Deniz görünüyor nihayet. Babamın birazdan pembe mayosuyla koşup koşup suları patlata patlata atlayacağı deniz şimdi kayalıkların koynunda, çırpıntısız, bütün gece çalkalanıp geldiği, saklandığı yerde huzur bulmuşa benziyor.

Suya varıyoruz. Babam bana dönüyor, gülümsüyor, "Baba," diyorum, "ben hamileyim."

"Ah be çocuk," der gibi bakıyor yüzüme, sesini kafamın içinde duyuyorum. Sonra diz çöküyor önümde, elini karnıma koyuyor, karnıma birinin gözlerine bakar gibi bakıyor, "Merhaba," diyor kadifeden sesiyle, "ben Mehmet. Büyükbaba Mehmet... Hoş geldin dünyamıza, köftehor."

Azıcık gözleri doluyor. Benim yanağımdan pıtır pıtır yaşlar iniyor. Sonra suları patlata patlata koşup denize atlıyor, balık gibi yüzüp iyice açılıyor. Dizime kadar suya girip onun köpüklerini seyrediyorum, tuzlu su az evvel dikenlerin ısırdığı yerleri yakıyor, anne ayaklarım çocuk ayaklarımın altındaki küçük yuvarlak taşları hatırlıyor. "Merhaba," diyorum, büyük anne denize fısıltıyla, "bak, sana kimi getirdim."

Babam yeterince açılınca yüzünü karaya dönüyor, "Teşekkür ederim," diye sesleniyor. Sesi koyun iki tarafında yükselen kayalıklara çarpıp geri geliyor; bana, bir kez daha, her şeyi kapsayan o kocaman şeyin bizi de, babamı, beni ve bebeği de kapsadığını hissettiriyor.

Gözlerimi kapatıyorum, annem geliyor gözümün önüne, sırtı bize dönük, balkona ıslak mayoları, tuzlu havluları asıyor. Gözümü açıyorum, az önce koya indiğimiz toprak yoldan birinin daha indiğini görüyorum. Önce uzak, bilemiyorum kim, ama yaklaşınca yürüyüşünden tanıyorum onu, gelenin Evren olduğunu anlıyorum.

III

Mehmet'in Hikâyesi

Çadır rüzgârla ciğer gibi şişip sönüyordu. Bu mevsimde buraya gelmek pek akıllı işi değilmiş. Ama duramamıştım evde. Kafamın içinde tıslayıp duran yılanlar, beni ne uykuda ne de uyanıkken rahat bırakmıştı. Bir sürü delilik geçiyordu aklımdan. Birden derhal gerçekleştirilmesi gereken bir planın hararetiyle oturduğum yerden fırlıyor, hızla giyinip kendimi sokağa atıyor, kafamdaki çılgın niyetler şehrin tantanası altında eriyip yok olana kadar yürüyordum.

Elif'in sarı yağmur çizmelerini almayı unutmuştu Nergis giderken. Gittikleri günden beri kapıda duruyorlardı öylece. Bir haftadır yerinden oynatamamış, kaldırıp ayakkabılığa koyamamıştım. Elif'in küçük çizmeleri delirmemek için çıktığım uzun yürüyüşlerden eve döndüğümde beni antrede karşılıyor, sokakta biraz olsun yakamı bırakan canavarlarım kapıdan girer girmez yeniden başıma üşüşüyordu. Elif'i eve getirdiğimiz gün, şu kapıdan iki kişi çıkıp üç kişi döndüğümüz sabah geliyordu aklıma. Güzel bir rüyayı hatırlar gibi hatırlıyordum o günü, o ilk haftayı. Yatakta aramızda uyurken ona baktığımı ve orada kumaşlar içinde yatan o küçük pembe patatesin benim kızım olduğunu, benim bir kızım olduğunu, bu insan yavrusunun babası olduğumu düşündükçe hayretler içinde kaldığımı, şimdi bile tarif edemediğim bir mutlulukla ona bakıp bakıp ağladığımı, günlerce sevinçten sarhoş gezdiğimi hatırlıyordum.

O çizmeler öylece orada duruyorken, evde daha fazla durmak mümkün olmadı. Elifsiz ve Nergissiz ilk haftanın sonunda arabaya atladım, Ömer'e, Hayıtdibi'ne geldim. O da, şans bu ya, açmamıştı bu kış pansiyonu. Napoli'ye gitmiş meğer. Bir İtalyan kız arkadaş edinmişti yazın. Onu ziyaret edecekmiş. Ne hayat...

Aklıma Şevket Abi düştü. Yaşıyor muydu acaba hâlâ? Ölse duyardım. En son annemle inmiştik Gabayemiş Koyu'na. O günden sonra köye de galiba bir kere gelmiş, onda da Ömer'in yerinde kalmış, Şevket Abi'ye uğramamıştım. Eski tadı kalmamıştı buraların, annemsiz kaplumbağa kayasının öte yanına geçmeyi de içim çekmemişti.

Arabayı koyun yukarısına, ılgınların altına park ettim. Deniz kapkaranlıktı. Dalgaların sesi yukarıya kadar geliyordu. Bu koydaki ışıklı, güleç yaz günlerimizi düşününce şu hali had safhada kasvetliydi. Yola çıksam hemen, eve dönsem, buralara gelmek ne fena fikirmiş diye düşünürken, aşağıda, karanlığın içinde Şevket Abi'nin kafesinin sarı sıcak penceresini gördüm. Ummadık bir çocuk neşesi peyda oldu içimde, hızlı adımlarla aşağı indim.

Kafenin kapısını açtım. Şevket Abi soba başında bir gazetenin bulmacasını çözüyordu. Balinanın karnındaki Gepetto. Başını kaldırdı, gözlüklerinin üzerinden bana baktı, "Saçın dökülmüş köftehor," dedi.

"Yaşlandım be abi," dedim. Kalktı, yanıma koştu, sarıldık.

"Sen de hiç değişmemişsin."

Gerçekten değişmemişti.

"Ben yuvarlandım yuvarlanacağım yere. Daha değişmem."

On yedi yıl olmuş. Bir ömür geçmiş aradan. Bunca zaman sonra onu görmek, onu aynı bıraktığım gibi bulmak beklediğim bir şey değildi. Masaların yeri bile değişmemişti. Pencereden görünen manzara aynı. Zaman burada geçmemiş gibiydi. Hayatta her şeyin akıp gitmiyor, bazı şeylerin öylece duruyor olmasında teselli buldum.

Şevket Abi benim için hemen bir masayı sildi. Mercimek çorbası, turşu ve lavaş getirdi.

Tabakları içeri taşırken "Uyu bu gece, yarın dönersin," dedi.

Kafenin arkasındaki tek göz odada kalıyordu hâlâ. Oda dediğim bir divan, bir sandalye. Beyaz kireç dört duvar içinde bir evcik. Penceresi bile yok. Nerede kalacaktım?

"Sana şuracığa yer yaparım," dedi dört tane masanın durduğu salonu göstererek.

Aklıma geldi. "Çadır duruyor mu?" dedim.

"Duruyor," dedi.

"Bu havada iş görür mü?"

"Görmez mi? Seni beni gömer o çadır, Alman malıdır."

Kış günü olur mu, olmaz mı derken, Alamancı babasından kalma emektar çadırı kurduk kayanın dibine. Sabaha kadar uçmazsa iyi.

Bir haftadır sade düşünüyordum. Üç kişilik düzenlenmiş ancak bir gün aniden tek kişinin yaşamını sürdürdüğü bir yere dönüşen bir evde düşünecek çok fırsatı oluyordu insanın. Gidenden açılan boşlukları ekseriyetle tekinsiz düşünceler dolduruyor, nasıl bir boşluksa artık mübarek dipsiz kuyu, düşün düşün, şu kadarcık olsun dolmuyordu.

Uzun yola çıkınca biraz nefes alabilir olmuştum ama yolda dinlemeyi seçtiğim albümler beni dev bir özlem bulutuyla sarmalamış, içinden çıkmaya çalıştığım kör kuyuya yeniden düşürmüştü. Şimdi Şevket Abi'nin verdiği eski kokan uyku tulumunun içinde kıvrılmış, zihnimde zamanı geri sarıyor, hayatımı gözlerimin önünden film şeridi gibi geçiriyor, rüzgârın dövdüğü çadırdan Fransız Konsolosluğu'nun merdivenlerine kadar düşe kalka yol alıyor, o gece Nergis'le oturduğumuz basamaktan kalktığımız vakit elimi geriye uzatışımı, Nergis'in elimi tutuşunu, el ele basamakları inişimizi getiriyordum gözümün önüne. O günle bugün arasında uzanan çizgiyi aklımın içinde takip etmeye çalışıyor, çok defa yolum kesiliyor, bu garip akşamdan o uzak yaz gününe bir türlü gidemiyordum. Arada ne olmuştu?

Bu fasılalı çizginin kuşkusuz en sivri noktası Nergis'i birkaç ay önce bir adamla bir kitapçıda gördüğüm gündü. Nergis'in ölçüsüzce mutlu olduğunu, sanki liseli bir genç kız, öyle bir heyecanla yanındaki adama bir şeyler anlattığını, birlikte gülüştüklerini, Nergis karım olmasa, "Ne mutlu bir çift" diyeceğim raddede bir saadet anını paylaştıklarını gördüğüm gün. Herkesten gizlediğim bu şahitliğin, duygularımı karman çorman eden, sonrasında hesabını dahi soramadığım bu denk gelişi gözümde canlandırıp bu adamın aileme olanlar üzerindeki tesirini tarttım günlerce. Nergis beni biri için mi bırakmıştı sahiden?

Gidişinin nedeni böyle basit olsa kolay olurdu. O zaman Nergis'in bir mukayese neticesinde hayatını benimle değil de başka bir adamla geçirmek istediği gerçeğini bir noktaya kadar kabullenebilir, elbet en az şimdiki kadar acı çeker ama bu ipin ucunu bir yere bağladığım için belki zamanla aklımı düzenleyebilir, kendime yeni bir yaşama biçimi tesis edebilir, bu dosyayı kapatabilirdim. Başka biri için gitmiş olmasına katlanmak kesin daha kolay olurdu. Nergis'in evliliğimizden kaçtığı yeni bir ilişki her şeyi patadak açıklar, durumu kılçıksız özetler, bana iyi kötü bir rota gösterir, en azından üzülmem gereken şeyleri tek bir maddeye indirgerdi. O zaman derdim ki kendime, "Tamam, Nergis artık beni değil, bir başka adamı seviyor." Nokta. Kafamda dönenip duran binlerce soruyu tek bir cevapla defettiği için bu ihtimale inanmayı ne çok isterdim.

Ancak birkaç gün önce Gülsüm kalan birkaç eşyayı almak için eve gelmiş, ondan bu yakışıklı, geniş omuzlu, anlaşılan o ki nükteci adamla aralarında bir şey olmadığını dinlemiştim. Ben sorunca mecburen anlatmıştı Gülsüm. Nergis beni biri için bırakmamıştı da o zaman niye gitmişti? Ufacık bir tartışmayı palas pandıras bavul toplayarak sonlandırması, bu beklenmedik cesareti, bu hızlı manevra kabiliyeti, gitmeye bunca hazır olması onun bize dair hayallerinin bittiğinin habercisinden başkası değildi. Yarım saat içinde toplanmış, kızımızı alıp öylece çıkmıştı kapıdan. İnsan, bu sanki zihinde provası aylarca yapılmış gidişi başka türlü açıklayamıyordu kendine. Nergis'in başka birisiyle ya da değil, kendini bensiz bir hayatın ihtimaline ikna ettiğini kabullenmem gerekecekti. İmtihanım buydu.

Şimdi bu uçtu uçacak çadırın içinde sırt üstü uzanmış, ilk vidanın ne zaman gevşediğini merak ediyordum. Evlilik dediğimiz bu çok parçalı makineleri işler halde tutan yüzlerce vidadan ilkinin ne zaman su koyverdiğini, "Yok, ben artık yapamayacağım galiba," deyip vidalıktan istifa ettiğini, kaç zaman bize hiç belli etmeden tıkırdayıp durduğunu, hemen yanındaki başka bir vidayı da gevşemesi için taciz ettiğini düşünüyordum. Neticede vidalar gevşemiş, düzenek bozulmuş, Nergis'le makinemiz yolda kalmıştı. Bittabi bizimle birlikte Elif de.

Babam gittiğinde Elif'ten sadece birkaç yaş büyüktüm. Şimdiden bakınca uzak, puslu, soru işaretleriyle dolu günler... Babam gitmiş, Çiçekçi'deki evimizde annemle baş başa kalmıştık. Babama düşkün değildim ama istenmediğimi hissetmek, ki babam bana veda dahi etmeyerek bunu ziyadesiyle hissettirmişti, beni çok hırpalamıştı. O ağır hisle uzun süre dövüştüm. Kendime verdiğim kıymeti o terk edişten ölçmemeyi uzun zaman başaramadım. Bir hak ediş sorgulamasıydı kafamdaki: Babamın beni terk etmesini hak edecek ne yapmıştım? Annem olmasa bu sorunun içinde belki yıllarca debelenir durur, bu dikenli dolaşıklıktan çıkaramazdım kendimi. Annem özel bir kadındı. Onu tanıyan herkese pırıltısını bulaştıran, varlığıyla odaları havalandıran, gülümsemesi tılsımlı bir koca yürek. Babamın yokluğunda beni bir ağaç kökü gibi sarmaladı, dökülüp saçılmama, akıp gitmeme izin vermedi. Evlilikleri kolay bir evlilik değildi ama o yine de bana babamı kötü hatırlatacak tek bir hatıra aktarmadı. Bir gün olsun söylenmedi, onu öylece bırakıveren kocasının arkasından bir gücenik söz sarf etmedi. Yüzünü hep geleceğe döndü, geçmişle kavga etmedi.

Müzisyendi annem de benim gibi. Piyano öğretmeniydi. Derslerini evde verirdi. Evin piyanolu odası arka tarafa, binaların arasındaki küçük yeşilliğe bakıyordu. Öğrencisi geldiğinde önce onunla sohbet eder, halini hatrını sorar, beni de muhakkak sohbete dahil eder, sonra benden izin ister, dersine çekilirdi. Çocukluğumun solmaz, parlak sesleri hâlâ kulağımda; annemin arka odadan evin içine yayılan yumuşacık ipekten sesi ve piyanosu. Gözlerimi kapatınca onu hep gülümserken hatırlıyorum. Babamsa zihnimdeki son resminde elinde kahverengi deri bir bavulla apartmandan çıkıyor. Bahçenin demir kapısını açıyor, orada, kaldırımda biraz duralıyor, yolun önce aşağısına, sonra yukarısına bakıyor, nihayet aşağı yürümeye karar veriyor, caddeyi iki yandan işaretleyen kestane ağaçlarının yapraklarının arasında gözden yitiyor.

"Mehmet!"

Rüzgârın uğultusunun içinde birinin adımı seslendiğini duydum. Çadırın fermuarını açıp kafamı fare gibi dışarı uzattım. Şevket Abi elinde fenerle karşımda duruyordu. Sırtına bir battaniye atmış, battaniye rüzgârda pelerin gibi havalanıyor, uçları inip inip kalkıyor, arkasında deniz bir eski dünya canavarı sanki, kocaman kollarını bize doğru savuruyor, Şevket Abi bu haliyle beni fırtınanın ortasında batmaya durmuş gemimden kurtarmaya gelmiş bir süper kahramana benziyordu.

"Çay içer misin?"

"İçmem mi!"

"Hadi, gel, sana şöyle demli bir çay koyayım. Kaçan uykun iyice kaçsın."

Çadırdan çıktım. Rüzgâr iyice hızlanmıştı. Epey üşümüştüm. Koşar adım kafeye vardık. Sobanın yanına bir sandalye çektim hemen.

"Neredesin be çocuk," diye sitem etti Şevket Abi çayları doldururken, "nasılsın?"

Oysa yemek yerken beni rahat bırakmış, konuşmamış, soru sormamış, ben sanki hiç yokmuşum gibi bulmacasını çözmeye devam etmişti.

"Zor şeyler oldu abi," dedim. Anlatmak, yeniden yaşamak olacaktı, anlatmadım. O da sormadı.

"Anacığın gidince buralardan, sen de gelmez oldun. Özlettin," Sonra sobaya bir odun daha attı, geldi yanıma oturdu.

"Annem burayı çok severdi. Ben de severdim ya. Onsuz olmadı işte. Ne bileyim be abi..." dedim, gözlerim doldu, sözlerimin gerisini getiremedim.

Bu koya ilk annem getirmişti beni. Burayı haritada bulmuş, kesin güzel bir yerdir diye düşünmüş, daha kalacak bir pansiyon var mı, yok mu bilmiyoruz, "Gidince bulunur illa ki bir yer," demiş, küçük bir çanta yapıp atlayıp gelmiş, hiç hesapta yokken burada iki hafta kalmıştık. Şevket Abi'yle de o yaz tanışmıştık. Seksenlerin ortası, Hayıtdibi'nde o yıllarda birkaç köy evinden başkası yok, bir köylünün tarifiyle Gabayemiş'e, Şevket Abi'nin yerine yürümüş, o da sağ olsun durumu anlayınca Alman malı çadırı kaplumbağa kayasının dibine kurmuş, bizden bir kuruş almamış, anneme mutfağını açmış, "Ama yemekler senden Lale Hanım," demişti. İki hafta boyunca burada hayatımın en güzel günlerini geçirmiştim.

Sonraları dünyaya uzak bu saklı koya handiyse her yaz uğramış, her defasında Şevket Abi'nin misafiri olmuştuk. En son ziyaretimiz annemi kaybetmeden hemen önceydi. Konservatuvarı bitirdiğim yaz. Annem belli ki buraya ve Şevket Abi'ye veda etmek istemiş, bunu ne bana ne kendine söylemiş, uzun yolun son evredeki hastalığına iyi gelmeyeceğini bile bile "Gidelim, Şevket'i özledim, bir-iki gece kalır döneriz," diyerek ısrar etmişti. O tuhaf, efsunlu gün bir kitabın arasında kurutulmuş bir yaprak gibi duruyor havsalamda.

Gözlerimi bir kuşun sesine açıyorum. Bülbül belki de? Çadırın içi nefesimizle ılık. Kumaş tavanda bir ılgın dalının gölgesi, günün ilk meltemiyle sallanıyor. Annem hemen yanımda, uyku tulumunu yarıya kadar açmış, yüzünde sakin, bulutsu bir gülümseme, uyuyor. Fermuarı açıp kafamı çadırdan dışarıya uzatıyorum. Sabah canlı bir varlık, dört bir yandan kıpır kıpır kıpırdanıyor. Her şey sanki aynı anda nefes alıyor; toprak, ağaçlar, kuşlar ve böcekler hepsi aynı bedenin uzuvları, müthiş bir salınım ve titreşimle doğa yeni bir güne başlıyor, güneş yavaş yavaş yükseldikçe ışık süzüle süzüle yüzeyleri geziyor. Her şey birbirinin içinde eriyip gidiyor. Gördüğüm şey karşısında nefesim kesiliyor. Sabahın bu saatiyle ilk kez böyle bir yerde tanışıyorum.

Beni uyandıran kuşa teşekkür ediyorum. Çadırdan çıkıp denize doğru yürüyorum. Suyun çizgisi bu saatlerde sakin. Tam oraya, denizin karayla kavuştuğu yere sırtüstü yatıyorum, üzerimden günün ilk bulutları geçiyor. Birkaç kuş eflatun göğü benekliyor. Sonra çalıların arasında bir kımıltı. Bir hayvan mı geziniyor? Derken önce kırmızı parmak arası terliklerini görüyorum, sonra fundalıkların arasından dünyanın en mavi gözleri bana bakıyor. Beni görünce şaşırıyor.

"Çadırda mı kalıyorsun?" diye soruyor yanıma gelip.

"Ben ve annem. Tatildeyiz," diyorum.

Bir süre düşünüyor.

"Seni de mi uyku tutmadı?" diye soruyor bu defa.

"Bir kuşa uyandım."

"Çok şair bir sabahmış meğer."

"Öyleymiş," diyorum, gülüşüyoruz.

Ona soru sormamı bekliyor.

"Sen ne yapıyorsun burada?"

"Teyzemin evi var köyde. Yaz tatillerinde onun yanında kalıyorum. Bu koya gizli geliyorum. Yolda biraz dikenler ısırıyor ama denize girince geçiyor, tuzlu su her şeye iyi geliyor," diyor.

Terliklerini kenara koyup suya ayaklarını sokuyor, omzundaki bez çantayı taşların üzerine bırakıyor, çiçekli havlu elbisesini çıkarıyor, dizine kadar suya giriyor.

"Su soğukmuş," diyor ama beni şaşırtan bir hızla anında dalıp, az rastlanır bir tropik ada kuşunun suya dalması gibi bir şey bu, epey açıkta kafasını sudan çıkarıp bana dönüyor, el sallıyor. Sonra birkaç kere daha dalıp çıkıyor. Sesleniyor.

"Bu suya girmezsen yazık olur!"

Onun kadar hızla dalamıyorum suya, su sahiden soğuk, yanına varmam biraz çaba ve zaman gerektiriyor.

"İnsanlar yokken de ne kadar eksiksiz değil mi dünya?" diye soruyor yan yana yüzerken.

"İnsanları özlediğim zamanlar oluyor," diyorum.

"Bense yalnızlığı seviyorum."

"Gitmemi ister misin?"

Kocaman bir kahkaha atıyor.

"İstersem ben giderim. Merak etme. Deniz kocaman, ikimize de yeter, farklı yönlere doğru iki kulaç atıp kolayca kendi denizimize çekilebiliriz."

"Yani kalayım mı? Pek anlayamadım."

"Kal."

Kıkırdayıp göz kırpıyor, yeniden suya dalıyor. Konuşurken suya dalmanın iletişimi ne kadar kolaylaştırdığını düşünüyorum. Karşındakinin ettiği lafın anlamını düşünüp tesirini tartarken onun yüzüne bakmak zorunda olmamanın, dev bir su kütlesinin ortasında yalnız olmanın, cevap vermek için onun sudan çıkmasını beklemenin, bu sırada ne diyeceğine iyice karar verebilmenin ne büyük bir nimet olduğunu fark ediyorum. İnsan önemli görüşmelerini denizde yapmalı diyorum içimden.

O sabahı birlikte geçiriyoruz. Yüzüyoruz, çıkıp kuruyoruz, yine yüzüyoruz. Bana çantasındaki kitaptan bir bölüm okuyor.

"Çantamda yarım bir kâğıt helva var. Paylaşalım mı?" diyor.

"Ben hayatımda hiç kâğıt helva yemedim biliyor musun..."

"Hadi canım. Nasıl bir çocukluk yaşadın sen!"

Cevap vermiyorum. Pakete sarılı helvayı çıkarıp ikiye bölüyor. O sırada bize kafenin camından bakan, pencerenin hemen kenarındaki masayı siliyormuş gibi yapan Şevket Abi'yle göz göze geliyorum. Gülüp, göz kırpıyor. Sonra masalardan birinde annemi fark ediyorum. Elinde kahvesi başıyla belli belirsiz bir selam veriyor, gülümsüyor. Bu selamlaşmalar beni çok utandırıyor. Yetmezmiş gibi az sonra elinde iki çayla yanımıza geliyor Şevket Abi.

"Erkencisiniz, gençler," diyor. Biz cevap vermeyip çayları alıyoruz, başka söz etmeden anında yok oluyor.

Orada öylece yan yana oturup çaylarımızı içerken bir an geliyor ona anlatmak istiyorum. Hayatıma olanları birine anlatmak istiyorum. Kafeden tarafa bakıyorum. Az önce annemin olduğu pencere şimdi boş. Kahvesini içip yeniden çadıra çekilmiş olmalı. Bir sessizlik anını bölüyor sesim.

"Biliyor musun, annem ölüyor," diyorum.

Sesimden duyduğum şeyin gerçekliğiyle irkiliyorum.

Bir şey demiyor önce. Yüzüme bakıyor. Gözleri bana değil, kendi zihnindeki bir resme bakıyor. Bana baktığını fark edince bakışını hemen uzak bir yere kaçırıyor.

"Çok üzüldüm. Benim annem öldü. Çok oldu. Ben küçükmüşüm. Bana olan şeyi pek hatırlamıyorum. Belki bu iyi bir şeydir. Ama annenin ölümü, alışması en zor şeylerden biri olmalı. Bizi taşıyan kabın devrilmesi gibi bir şey bu."

Soru sormuyorum ona, annesini nasıl kaybettiğini anlatır diye çok korkuyorum. Ölmüş bir annenin hikâyesini merak etmiyorum.

"Ben anne olmak istemiyorum. Bir canlıyı kendine önce alıştırıp sonra dünyanın ortasında tek başına bırakmanın haksızlık olduğunu düşünüyorum," diye sürdürüyor sözünü.

"Babalar hakkında ne düşünüyorsun?"

"Babaların ikiye ayrıldığını düşünüyorum. İyi babalar ve kötü babalar olarak... Ya sen? Sen baba olmak istiyor musun?"

Bunu bu yaşıma kadar hiç etraflıca düşünmediğimi fark ediyorum. Elimin içinde küçük bir el hayal ediyorum. Küçük ayaklar. Dişsiz bir gülümseme. Hayatı benimle birlikte yaşayacak, benden olma bir varlık. Kalbim sevinçle çarpıyor. Beklemediğim, beni hayrete düşüren bir his bu.

"Evet. İstiyorum sanırım." Utanıyorum biraz bunu söylerken.

"Senin iyi bir baba olacağına eminim. İyi birine benziyorsun."

Kafasını kaldırıp ta tepeye kadar yükselmiş güneşe bakıyor. "Günün en güzel saatleri bittiğine göre artık dağılabiliriz," diyerek anne-baba konusunu keskin bir manevrayla kapatıyor.

Eşyalarını hızla çantasına dolduruyor, "Yarın sabah belki yine gelirim," diyor. Koşarak geldiği toprak yola giriyor.

"Adın ne?" diye sesleniyorum arkasından.

Çalıların arasından mavi gözlerini uzatıp "Gülsüm," diyor. Şıpıdık terliklerinin uzaklaşan sesi cırcır böceklerinin sesine karışıyor.

O akşam şehre dönüyoruz annemle. Annem, "Dönelim mi?" diyor yemekte, birkaç gün sonra da kötülüyor. Haftasına evde, kendi yatağında, ablam Nadide'yle yanımızda, eli elimizde, hayata gözlerini yumuyor. Yirmi üç yaşında beni bir arada tutan ağacın kökleri sökülüyor, hayatın ortasında kalakalıyorum öylece. Beni taşıyan kap devriliyor, yerlere dökülüyorum.

"Şevket Abi... Ben baba oldum."

"Kız babası olmuşsundur kesin sen."

"Tam da öyle. Çiçek gibi bir kızım var. Altı yaşında. Elif adı."

"Onu da getirseydin ya. Tanışırdık."

Bir anda Elif'i değil, sadece Nergis'i kaybettiğimin ayırdına varıyorum. Bir hafta boyunca kapının kenarındaki yağmur çizmelerine bakarak ne salakça bir hüzne kapıldığımı, onu kaybetmiş olmak gibi ne yanlış bir fikir edindiğimi, bundan böyle Elifsiz bir hayat yaşayacağımı sandığımı düşünüp gülüyorum kendi kendime. Giden Nergis. Biten şey evliliğimiz. Elif yerinde duruyor. Hâlâ benim kızım. Ben onun babasıyım. Sonsuza dek öyle kalacağım. Orası hâlâ Elif'in evi. Çizmeleri bal gibi de durabilir antrede. Pijamaları da dolapta durabilir, kitapları benimkilerle aynı rafa yan yana dizilebilir. Odası öylece kalabilir. Gelip yatağında uyuyabilir. Benimle buraya, Gabayemiş'e gelebilir.

"Bir dahakine söz getireceğim onu da. Bahara inşallah."

"Eminim çok sever o da buraları."

"Burası sevilmez mi!"

"Sabah ezanı okunacak az sonra. Ben yatıyorum. Gelmez

ya, belki yarın müşteri gelir, erken kalkmak lazım," deyip küçük evine çekildi Şevket Abi. "Anacığının mezarına çok istedim gitmek de," diye ekledi tam kapıyı kapatırken, "içim elvermedi. Mezarını görünce, mezar taşında adını okuyunca gittiğinden emin olacaktım, Lale'yi öyle hatırlamak istemedim."

O zaman ne büyük bir aşkın kıyısında yazlarımı geçirip de bunu hiç anlamadığımın idrakine vardım. Şevket Abi ve annem ne kadar usul usul sevmişti birbirini. Kimselere değmeden, kimseleri yormadan, gücendirmeden. O son akşam yemekte annem "Gidelim," demişti planda yokken, ölüm gelmeden uzaklaşmak istemişti Şevket Abi'den. Ona bunu yapmak istememişti. Sevgi ne zarif bir şeydi. Yumuşacık yastıklar seriyordu düşenin altına.

Dönüş yolunda kasabada durup telefon kulübesinden Gülsüm'ü aradım. Hemen açtı.

Nergis markete gitmiş. Elif'i istedim telefona. Gittiklerinden beri hiç konuşmamıştık. Ne büyük salaklık, aramamıştım onu, kendi derdime düşmüş, kızımın derdini göz ardı etmiştim. Fırtınayı annesiyle biz koparmıştık, onun evi yıkılmıştı. Bütün bunların ağırlığıyla çitlembik aklının içinde kim bilir neler düşünmüştü, nerelere yuvarlanmıştı bir haftadır. Yanında Nergis ve Gülsüm vardı, tutmuşlardı muhakkak elinden, ama onu bu ayrılığın en kanlı günlerinde babasız bırakmıştım.

Gülsüm'ün "Elif! Baban arıyor," seslenişini duyunca içeriden koşar adımlarla geldi Elif. Ahizeyi eline aldı.

"Baba," dedi titrek ceylan sesiyle.

"Elif, sana bir şey diyeceğim. Ben senin babanım. Hâlâ. Sen de benim kızımsın. Sonsuza dek öyle kalacaksın. Seni çok seviyorum. Seni o kadar seviyorum ki, seni düşünürken içim gökyüzü kadar büyüyor, hayattaki her şey katlanılır oluyor. Daha iyi biri yapıyor beni senin baban olmak. Muhtemelen ne dediğimi anlamıyorsun. Ama küçük kalbinin bir yerinde beni hissettiğine eminim. Odan burada duruyor. Yatağın. Oyuncaklarının bir kısmı. Evin yerinde duruyor, Elif. Ne zaman istersen gel. Olur mu?"

"Tamam, baba."

"Ayrıca sarı yağmur çizmelerin de burada. Onlar da istedikleri kadar kalabilirler. Burası senin kadar onların da evi."

Güldü. Onun gülüşünü duyunca dünya durdu.